WOLFGANG BORTLIK

Blutrhein

AUSGESTOCHEN! Der Basler Regierungsrat und Bauminister Burckhardt wird vor dem Theater in einer begehbaren Skulptur von hinten erstochen aufgefunden. Kurz darauf erwischt es einen weniger prominenten Basler Bürger beim Joggen. Auch er wurde von hinten angegriffen und getötet. Die beiden kannten sich von früher. Das findet ausgerechnet der Gelegenheitsdetektiv Fischer heraus. Weil sein Fußballkumpel, der Kriminalkommissär Franz Gsöllpointner, den Fall aufklären muss, gerät Fischer mitten ins mörderische Geschehen. Dabei möchte Fischer eigentlich nichts anderes, als auf seinem geliebten Futon zu liegen und den Wahnsinn der Zeit an sich vorüberrauschen zu lassen. Doch als auch sein literarischer Mentor Mendota in den Strudel des Verbrechens gezogen wird, steht Fischer wieder auf. Stecken vielleicht Jugendsünden hinter den Morden? Welche Rolle spielt die entzückende Witwe des Regierungsrats? Und was will der Exprofessor Faller mit seinen Mongolen in Basel?

Wolfgang Bortlik, geboren 1952 in München, lebt mit Unterbrechungen seit 1965 in der Schweiz, aktuell in Riehen bei Basel. Er hat bereits sechs Romane, einen Gedichtband und mehrere Sachbücher veröffentlicht, außerdem ist er als Rezensent und Sportdichter für die NZZ am Sonntag tätig. Seine Liebe zum Buch zeigt sich auch durch sein Engagement bei der Riehener Literaturinitiative Arena, wo er dem Vorstand angehört. »Blutrhein« ist sein zweiter Krimi im Gmeiner-Verlag.

Bisherige Veröffentlichungen im Gmeiner-Verlag:
Spätfolgen (2015)
Beitrag in »Berner Blut« (2013)
Beitrag in »Zürich, Ausfahrt Mord« (2011)

WOLFGANG BORTLIK

Blutrhein

Kriminalroman

GMEINER SPANNUNG

Besuchen Sie uns im Internet:
www.gmeiner-verlag.de

Im Ehnried 5, 88605 Meßkirch
Telefon 07575/2095-0
info@gmeiner-verlag.de

1. Auflage 2017

Lektorat: Katja Ernst
Herstellung: Mirjam Hecht
Umschlaggestaltung: U.O.R.G. Lutz Eberle, Stuttgart
unter Verwendung eines Fotos von: © Christian Bieri/fotolia.com
Druck: CPI books GmbH, Leck
Printed in Germany
ISBN 978-3-8392-2021-4

Der ist ein Narr, wer sammelt Gut
Und hat nicht Freud noch frohen Mut
Und weiß nicht, wem er solches spart
Wenn er zum finstern Keller fahrt.

Sebastian Brant

Einstens lebt ich süßes Leben
Denn mir war, als sei ich plötzlich
Nur ein duftiges Gewölke.

Karoline von Günderode

O so ist's immer! So zündet das Schicksal das Theater unserer kleinen Lustspiele an und den schön gemalten Vorhang der Zukunft!

Jean Paul

VORLAUF

Was roch denn da so unangenehm? Das war ja geradezu unerträglich! Regierungsrat Carl Felix Burckhardt, Mitglied der Exekutive und Vorsteher des Bau- und Verkehrsdepartements der Stadt Basel, rümpfte die Nase.

Ausgerechnet hier stank es. Burckhardt, von seinen sozialdemokratischen Parteifreunden nur »Karli« genannt, hob den Kopf, schloss die Augen und schnupperte zurückhaltend. Ganz genau, es stank nach menschlicher, allzu menschlicher Ausscheidung. Unglaublich, an diesem Ort, mitten in der schönen Stadt, auf dem Vorplatz zum Schauspielhaus, an Basels bevorzugter und hehrster Lage, roch es extrem nach Pisse.

Der Geruch kam vom Kunstwerk her. Genau von dort. Der Regierungsrat schnüffelte noch ein bisschen. Er hoffte, dass man ihn nicht beobachtete bei dieser unschönen Aktivität. Von diesem Eisengebilde kam er her, der Gestank. Von Richard Serras Plastik »Intersection«, einem Kunstwerk, das aus insgesamt vier knapp vier Meter hohen geschwungenen Stahlplatten bestand und vor dem Theater seinen Platz gefunden hatte. Ein mächtiger Eingriff in den Raum, die ästhetisch ordnende Hand des Metalls, der Schwung ins Unendliche, irritierend und irisierend, das Gewaltige in der Kunst. Das sagten die einen. Andere meinten, es sei eher ein Haufen Altmetall, der hoffnungslos und unschön vor sich hin roste.

Karli stöhnte auf. Den Schutz der Stahlplatten nutzten gewisse verantwortungslose Elemente als Toilette. Klar, er hatte schon gerüchtehalber davon gehört, aber dass das so schlimm war, das hätte er nicht gedacht.

Eigentlich hatte Burckhardt mit seiner Gattin Evangeline die neueste Produktion im Schauspielhaus anschauen wollen. Nicht, dass Karli ein großer Theatergänger gewesen wäre, aber man erwartete von ihm doch eine gewisse Präsenz in der kulturellen Öffentlichkeit. Dafür war das Theater immer gut. Da trafen sich das Bildungsbürgertum und die Mächtigen der Stadt. Dort wurde Burckhardts Anwesenheit auch von Kreisen, die der Sozialdemokratie fern standen, wohlwollend zur Kenntnis genommen.

Aber dann hatte ihn eine SMS erreicht, in der seine Angetraute eine gewisse Nervosität, Magengrimmen und den Zitteri, kurzum also Krankheit angemeldet und den Theaterbesuch abgemeldet hatte. Karli war gerade frisch gescheitelt und mit Krawatte flott auf dem Weg vom Regierungsratssitz zum Theater gewesen, als ihn die Absage seiner Ehefrau erreichte. Sein

Schritt hatte sich sofort merklich verlangsamt. Wie sah das aus, wenn ein Regierungsrat ohne Begleitung ins Theater trat? Gar nicht gut! Peinlich war das, peinlich sondergleichen, aber zurück konnte und wollte er auch nicht.

Typisch Evangeline, hatte Carl Felix Burckhardt noch gedacht. Das machte sie doch extra, ihn so bloßzustellen. Also würde er erst nach Beginn des Stückes ins Schauspielhaus huschen. Die anderen Besucher sollten ihn als den Schaffer und Workaholic bewundern, der stets im Einsatz für die Bevölkerung Basels war – sodass er sogar den Beginn des Theaterstücks, diese Sensation zur Saisoneröffnung, verpassen musste.

Deshalb stand Burckhardt also kurz nach Vorstellungsbeginn etwas abseits vom Theatereingang bei dieser eisernen Skulptur und ging dieser erschnüffelten Schweinerei nach. Es konnte nicht sein, dass Kunst als Urinal missbraucht wurde. Er schüttelte sich in seinem Maßanzug und trat, die Nase gerümpft, nahe ans Kunstwerk heran. Es war schon ziemlich dunkel, bald kam der Herbst, und die Nacht nahm zu. Die Metallwände des Kunstwerks stiegen vor Karli steil in die Höhe. Zwar leuchtete hell ein Scheinwerfer und illuminierte den Theatervorplatz, aber desto mehr gab es auch Schatten und Dunkelheit, gerade bei der Eisenplastik.

Und da war noch etwas. Gesang. Keine verständlichen Worte, kein Sinn. Skurrile Laute zu einer kleinen Melodie. Und dann plätscherte es. Da schiffte so ein Kerl einfach vor sich hin. Karli spähte in die Zwischenräume des Kunstwerks, sah aber nichts.

»Hallo, wer ist denn da?« Mehr fiel dem Regierungsrat nicht ein. Ein paar jugendliche Nachtschwärmer saßen wenige Meter entfernt auf einer Steintreppe und schauten kurz auf, als Karli ausrief. Dann beschäftigten sie sich wieder mit sich selbst. Burckhardt seinerseits ging vorsichtig ein, zwei Schritte in die Skulptur hinein. Er zögerte keine Sekunde, immerhin trainierte er dreimal in der Woche. Er war in Form. Da gab es nichts, wenn ihm so ein Wasserlasser blöd kommen würde. Außerdem war das seine Pflicht als öffentliche Person und Politiker, es ging darum, hier und jetzt Präsenz zu zeigen. Dieser gewissenlose Brunzer musste gestellt werden, im Dienste der Öffentlichkeit und des Gemeinwohls. Dieser Vandale sollte dran glauben.

Das Singen und Summen verstummte jäh. Carl Felix Burckhardt sah immer noch nichts außer rostigen Stahl. Sollte man eine öffentliche Skulptur des Nachts nicht besser ausleuchten?, schoss es ihm durch den Kopf. War der Typ, der seine Blase entleert hatte, vielleicht auf der anderen Seite der Metallwand? Ratlos drehte er sich um, lauschte, hörte ein kurzes Schaben, zwei, drei gedämpfte Schritte. Plötzlich traf ihn der Schlag.

Etwas fuhr zwischen seine Schulterblätter, stach dort hinein, versetzte seinen Körper in einen Schockzustand, verletzte ihn schwer, raubte ihm alle Kräfte.

Seine Füße gaben nach, er sank auf die Knie. Sein schöner Anzug, um Himmels willen. Und was war das für ein unglaublicher Schmerz? Und wieder hörte er leise, unverständliche Worte zu dieser dummen kleinen Melodie. Dann nahm der Schmerz überhand, überwältigte ihn, und er lag da, das Gesicht auf dem Boden. Er spürte, wie es ihm warm den Rücken herunterlief. Er roch etwas, was den Geruch nach Urin überdeckte. Etwas Süßliches, Aufdringliches. War das Blut?

EINS

Über 50 Jahre war Fischer nun schon gestanden. So eine ewig lange Zeit übte er jetzt den aufrechten Gang. Langsam wurde das immer beschwerlicher und peinvoller. Der Rücken krümmte sich, die Knie knackten und die Plattfüße brannten. Der Mensch war nicht geboren, um zu stehen. Eigentlich, so war sich Fischer mittlerweile mehr als sicher, müsste des Menschen Aufenthalt auf dieser Erde im wahrsten und vernünftigsten Sinne ein liegender sein, parallel zum Grund und Boden dieser manchmal so entsetzlich schönen Welt. Mehr oder weniger waagerecht sollte der Mensch seine Tage verbringen, ohne aufrechtes Pathos. Keine pfeilgrade Pose der Unerschütterlichkeit musste er einnehmen oder gar den Last Man Standing nachstellen. Im Liegen sollte der Homo sapiens sinnieren, spintisieren, vielleicht auch räsonieren, nicht aber in der Vertikalen den Helden markieren.

Liegen, richtig liegen, den Körper geschmiegt an die Unterlage, die nicht zu hart und nicht zu weich, die nicht zu abweisend und nicht zu nachgiebig sein durfte. Was war das für eine Wohltat, so zu liegen. Die Beine, die Gelenke entlastet vom allzu schwer gewordenen Körper. Und der gedankenschwangere Kopf auf einem bequemen Kissen, wo er harmlos vor sich hin brodeln konnte.

Fischer wälzte sein leichtes Übergewicht auf die andere Seite, dort, wo ihn die Hüfte nicht schmerzte. Das tat gut. Diese Unbill mit seinem Gelenk kam vom Fußballspielen. Er hatte es einfach übertrieben. Seit dem letzten Frühjahr ging er mit alten und neuen Bekannten einmal in der Woche aufs Feld der Ehre. Nun, Mitte September, war er wieder einigermaßen mit dem Ball vertraut und in Form gekommen. Seine bescheidene jugendliche Karriere als Torjäger fand so auf den Nebenplätzen des St.-Jakob-Stadions zu Basel eine würdige Fortsetzung. Aber nach der mittäglichen und mittwöchentlichen Anderthalbstunde auf dem unwirtlichen Kunstrasen tat Fischer so ziemlich alles weh, was er an Muskeln, Sehnen, Bändern und Knochen hatte.

Deswegen lag er dann, kaum zu Hause, so flach als möglich. Gänzlich hingestreckt. Was für ein Genuss, sich an den alten Futon zu schmiegen. Ja, das Liegen. Früher aß man im Liegen, in der Antike pflegte man das Gespräch in der Horizontale. Auch der Liebesakt gelang an und für sich besser im Dahingestrecktsein als im Aufrechten. Wobei, aufrecht musste dabei schon etwas sein und …

In Fischers schöne Gedanken schrillte der Festanschluss im Nebenzimmer. Wer wagte es? Maria, die Geliebte? Kaum. Eines seiner beiden Kinder, das der väterlichen Hilfe bedurfte? Rebecca, die in einem Chor sang und ihn bei einer Veranstaltung als Publikum wünschte? Tim, der Juniorenfußballer, der die kräftige Stimme seines Vaters zur Unterstützung am Spielfeldrand hören wollte? Oder rief gar ein vorwitziger Fremder an, der sich sein Geld mit Telefonwerbung verdienen musste? Oder war vielleicht das Unsichtbare Komitee an der Strippe? Fischer drehte sich mit einem wütenden Fluch um und schrie auf, als er die schmerzende Hüfte belastete. Das Läuten verstummte vor Schreck.

Er lauschte noch nach, blieb liegen und küsste sein Kopfkissen. Ein Viertelstündchen noch, höchstens 20 Minuten.

In einem wirren Traum sollte Fischer für die intergalaktische Meisterschaft im Team seines Heimatplaneten auflaufen. Allerdings hatte er seine Fußballschuhe zu Hause vergessen, und es gab kein Raumschiff, das ihn mit Überlichtgeschwindigkeit von Beteigeuze auf die Erde bringen konnte. Vielleicht konnte er barfuß spielen, doch wie es aussah, war das Gras auf dem Schulterstern des Orion hart wie Glas. Es war auch gar kein Gras und schon gar kein Rasen, das sah Fischer ganz genau, es waren Myriaden von wogenden, grünen Tierchen, aus deren Mäulchen spitze, elfenbeinweiße Zähnchen blitzten.

In seine grandiose Traumverzweiflung platzte wieder das Telefon. Fischer riss sich zusammen, stemmte seinen kleinen Bauch hoch und hinkte zum Festanschluss. Maria war am Apparat. Ganz außergewöhnlich um diese Zeit. Fischer stand jetzt doppelt.

Die Stimme seiner Geliebten jedoch war hart und gnadenlos. Noch traumverloren begriff Fischer nicht gleich den Inhalt ihres Anrufs und kratzte sich am Hinterkopf. Endlich ging ihm ein Licht auf, und er stammelte, dass er es selbstverständlich nicht vergessen habe, dass sie heute Abend ins Theater gingen. Diese furiose Regiearbeit von Giovanni Setesangre, seine neueste Interpretation einer griechischen Tragödie, eines Klassikers, ja, selbstredend, das musste man einfach gesehen haben.

Fischers Männlichkeit ließ sich unterdessen hängen. Tatsächlich hatte er es gründlich verdrängt, dass er versprochen hatte, Maria Casaramone, die Dame seines Herzens, in die Gefilde von Thalia zu begleiten. Fischer mochte das Theater nicht, und wenn es etwas gab, was er aus vollem Herzen hasste, dann war es der Betrieb um das Theater. Deswegen hatte er ja auch in seinen Jahren als Literat in dieser Stadt keinen Fuß auf den Boden gebracht, weil hier im zutiefst bourgeoisen Basel wegen des Schauspiels allen der heilige Brand die Medulla oblongata hinunterrieselte, während das geschriebene Wort nur eine verschrobene Existenz am Rande führte. Anerkennung und Geld gab es nur für das Spektakel.

In Fischers Kopf war immer Theater und stets

die Hölle los. Zum Denken und zum Amüsement brauchte er keine brüllende Bühne. Wenn man wenigstens hätte liegen können im Zuschauerraum. Ein paar bequeme Matratzen, von denen aus man diese extrovertierten Darbietungen ohne Stress betrachten und wo man im Falle des Nichtgefallens oder der kompletten Anödung einfach abschalten und ein bisschen dösen hätte können.

Dies exemplifizierte Fischer aber nicht gegenüber seiner Freundin – damit würde er bei ihr auf völliges Unverständnis stoßen, und das musste ja nicht sein. Er log von ganzem Herzen, als er Maria versicherte, dass er sich auf die Vorstellung freue. Ihre Stimme verlor ein wenig vom harten Klang und Befehlston. Fischer nickte zufrieden, brummte eine Liebeserklärung, schickte drei Küsse durch die Leitung und legte auf.

Trotz der quälenden Hüfte fühlte er sich großartig. Immerhin hatte er heute Mittag drei Tore geschossen. Obwohl Bulle Roth, sonst sein kongenialer Vorbereiter, in der gegnerischen Mannschaft gespielt hatte. Fischer ließ sich noch mal aufs Lotterbett sinken und dachte daran, wie er aus spitzem Winkel den Ball an Benno, dem Goalie, vorbeigehämmert hatte. Er drehte sich auf die schmerzende Seite. Das tat schon nicht mehr so weh. Noch ein Viertelstündchen, allerhöchstens 20 Minuten. Aber bald würde er sich bereit machen müssen für den Theaterbesuch. Das Leben war hart und ungerecht. Und Maria kannte keine Gnade.

Schon am Eingang zum Theater Basel erblickte Fischer einen Bekannten, ausgerechnet den massigen Bulle Roth, der die Drehtür aus Glas blockierte. Mehrere bepelzte Damen brandeten als teuer gekleidete Sturmflut an ihn an und rollten, empört mit den Tickets wedelnd, wieder zurück, um erneut zu versuchen, an dem breitschultrigen Mann vorbeizuschwappen.

Bulle Roth hieß eigentlich gar nicht so, sein auf der Geburtsurkunde eingetragener Name lautete Franz Gsöllpointner. Aber er war ein Bulle und, ursprünglich aus dem oberbayrischen Isartal stammend, ein unverbesserlicher Fan des FC Bayern München. Der Held seiner fußballerischen Jugend war Franz Roth, genannt Bulle. Der spielte von 1966 bis 1978 bei den Bayern, also noch bevor das ein Club für die Gewappelten und Hochgestochenen wurde und als der Steuerbetrüger Hoeneß selbst noch am Ball aktiv war.

Bulle Roth beziehungsweise Kommissär Franz Gsöllpointner von der Basler Kriminalpolizei sah auch nicht unbedingt glücklich aus, wie er da vor dem Theatereingang stand. Seine Gattin, eine echte Baslerin und daher dem Theater verfallen, zupfte da und dort an seinem Anzug oder an der Krawatte herum. Bulle Roth wirkte, als habe er sich für einen Undercover-Einsatz verkleidet.

Fischer wollte schon, die Hand zum Gruß erhoben, nach ihm rufen, als der Kommissär und seine Frau zügig im Theater verschwanden, im Gefolge die Pelzschabracken vom Bruderholz.

Auch Maria schob ihn zärtlich vorwärts: »Weißt du, ich freue mich total auf das Stück. Setesangre ist einer der letzten großen Regisseure Italiens, die sich ihr kritisches Potenzial behalten haben. Er ist ein wahrer Kommunist des Herzens.«

Fischer dachte, er habe sich verhört, aber Maria wiederholte: »Ein wahrer Kommunist des Herzens, verstehst du?«

Was es nicht alles gab. Fischer hätte gerne verstanden, aber es wollte ihm nicht gelingen, die menschliche Blutpumpe und Marx und Lenin in einen Zusammenhang zu bringen.

Nach dem ersten Akt war Fischer enttäuscht von diesem Herzenskommunismus. Er hatte zumindest Schauspieler in blutbesudelten Naziuniformen erwartet oder Nackte, die sich angestrengt an der Defäkation als grandioser Gesellschaftskritik abarbeiteten. Stalinistische Surrealisten, die mit Wasserpistolen voll Salzsäure auf die ersten drei Reihen im Theater schossen. Nichts dergleichen. Es war eine unspektakuläre Inszenierung, Schauspielerinnen und Schauspieler in strengen Herrenanzügen, wobei die Männer eher hemdsärmelig waren. Antigone sah aus wie die Pressesprecherin eines der hiesigen Chemiekonzerne, Kreon glich eher einem sozialdemokratischen Regierungsrat.

»Ganz schön raffiniert«, flüsterte Fischer seiner Geliebten ins Ohr. »Das göttliche Recht, vertreten von Antigone, also im Prinzip die Chemie in Basel, gegen die Staatsraison, die politische Exekutive, verkörpert durch einen Sozialdemokraten contre coeur, diesen Kreon. Ist das Herzenskommunismus?«

Dabei versuchte er, Hautkontakt mit Maria zu haben. Die aber wandte sich brüsk ab und starrte wieder gebannt nach vorne. Fischer mühte sich mit dem Gebotenen, aber auf einmal dachte er, dass die Figuren auf der Bühne alle so redeten, als hätte Sophokles das Handy erfunden.

Mitten im schönsten Stimmengewirr erhob sich drei Reihen vor ihm plötzlich ein Mann. Bulle Roth. Er hielt ein iPhone in der Hand und schob sich energisch durch die Sitzreihe nach draußen. Der Franz sah irgendwie glücklich, ja beseelt aus, dachte sich Fischer. Vielleicht sollte er hinter dem Fußballspezi her eilen. Aber wahrscheinlich rief den einfach sein Amt. Irgendwo ein Fall, ein Delikt, möglicherweise sogar ein Toter, der im friedlichen Basel mindestens einen Tag lang das Hauptgesprächsthema sein würde, bevor man sich wieder dem zu frühen Herbst oder den kommenden Attraktionen wie Herbstmesse und Fasnacht widmete.

Fischer sah sich also trotz Schmerzen in der Hüfte und diverser Gähnattacken tapfer die Tragödie des griechischen Dichters an. Kurz bevor der Suizid im Stück überhandnahm, war Pause. Fischer hechtete, nein humpelte so schnell wie möglich zum Ausschank im Erdgeschoss neben dem Haupteingang. Draußen blitzten blaue Lichter aufdringlich durch die Nacht.

»Da ist irgendwas passiert bei der Skulptur, alles voll Polizei!«, grummelte der Barkeeper und schob Fischers Bier über die Theke. Mehr wusste er aber nicht.

Fischer nahm seufzend einen Schluck. Bulle Roth, der Glückliche, der konnte da draußen für sich werkeln an einem Kriminalfall, an einem Meisterwerk des Realismus. Obwohl der Kommissär eigentlich hier auf der Bühne, in einem Anfall von Herzenskommunismus, sofort den Regierungsrat, der so aussah wie der Tyrann Kreon, wegen staatlicher Willkür hätte festnehmen müssen.

Als dann endlich alle tot waren und die Tragödie vorbei, drängte Fischer neugierig aus dem Theater ins Freie. Gleich bei der Metallskulptur von Richard Serra war immer noch Polizei, Absperrung, Tohuwabohu und Auskunftssperre. Da musste einiges passiert sein.

Maria zog Fischer von diesem Tatort weg. Sie wolle jetzt lieber über das im Theater Erlebte diskutieren. Sie schlenderten durch die Konsummeile der Innenstadt bis hin zur Mittleren Brücke und überquerten den ältesten Rheinübergang Basels aus dem 13. Jahrhundert. So gelangten sie in den rechtsrheinischen Teil der Stadt, ins sogenannte Kleinbasel, wo sie beide wohnten und sich noch in einer angesagten Bar im kleinen und durchaus properen Rotlichtviertel über diese Antigone austauschen wollten.

Wie es sich für eine wohlanständige Schweizer Stadt gehört, lag auch in Basel der Campus der käuflichen

Liebe im minderen, ehedem proletarischen Teil der Stadt, eben im Kleinbasel. Gleich nach der Mittleren Brücke links, in drei, vier Gassen war der Straßenstrich erlaubt, und es drängten sich dort in eigentlich bester Wohnlage die entsprechenden Etablissements.

Im Rahmen des Spätkapitalismus, der Globalisierung und durch die Zuwanderung aus dem Osten war der Konkurrenzdruck unter den Sexarbeiterinnen enorm gestiegen. So hatten diese immer aggressiver um Kundschaft geworben, oft auch außerhalb der erlaubten Zone der Kleinbasler Gassen. Die Prostituierten hatten Hauseingänge besetzt, auch sexuell Desinteressierte belästigt und sich durch Polizeikontrollen nicht vertreiben lassen. Die Beischlafbeschafferinnen waren so zum Störfaktor geworden, auch in der städtisch vorgeschriebenen Toleranzzone für den Straßenstrich.

Dann hatte dort ein stadtbekanntes Bordell, aus welchen Gründen auch immer, geschlossen, das der Anwohnerschaft sowie den Behörden seit geraumer Zeit ein Dorn im Auge gewesen war. Das sich in Privatbesitz befindliche Gebäude war in eine sogenannte normale Nutzung überführt worden. Die dortigen Tage der Sexarbeiterinnen und Freier waren gezählt, die oberen Geschosse wurden renoviert und zu Wohnraum umgebaut, im Parterre hatte sich ebenjene angesagte Bar breitgemacht. Das Interieur war schwarz und als Kapital standen viele, viele Flaschen mit äußerst erfreulichem Inhalt hinter der Theke. An manchen Abenden rumpelte dort eine mediokre Band live eine Fusion aus Südstaatenrock und Punk daher. Als Zugabe gab es meist eine Hochgeschwindigkeitsversion von Robert Johnsons »Crossroads«, Muddy Waters »Rollin' and Tumblin'« oder Hank Williams »I'm so lonesome I could cry«. Egal, die Lärmschutzvorrichtungen waren vom Feinsten. Es wurde gewippt und geschwoft. Alles war recht leicht und locker.

Fischer jedoch hatte sich immer ein bisschen unwohl in dieser angesagten Bar gefühlt. Er hatte sogar das Gefühl, dass er vom spindeldürren Barkeeper besonders nachlässig, wenn nicht sogar verächtlich behandelt und bedient wurde. War es wegen seines doch schon fortgeschrittenen Alters? So viel jünger als er war Maria ja auch wieder nicht, oder? Vielleicht konnte der Barkeeper aber auch das gut lesbar in Fischers Gesicht stehende Erstaunen über die nicht unerheblichen Getränkepreise richtig interpretieren. Dass sich die jungen Leute solche teuren Drinks leisten konnten, darüber wunderte sich Fischer regelmäßig.

Der beträchtliche Lärmpegel in der angesagten Bar war andererseits immer ein Vorteil gewesen. So hatte Fischer, auch wenn er nicht alles verstand, was ihm Maria jeweils erzählte, vieles einfach abnicken können. Und so würde er das jetzt auch bei dem zu erwartenden Hochloben der Sophokles-Inszenierung von Giovanni Setesangre durch seine Freundin machen, mit vielen Jas und Sichers und Sowiesos, die er ins überteuerte Bier hineinmurmeln würde. Er hatte das Antigone-Spektakel schon fast wieder verdrängt, doch den Inhalt der klassischen Tragödie kannte er selbstverständlich noch vom Gymnasium her. Allerdings hätte er viel lieber gewusst, was das für ein Tamtam vor dem Theater mit der Polizei gewesen war.

Noch auf dem Weg zur angesagten Bar und kaum auf Kleinbasler Boden, ratterte Marias Handy; »Enough is enough« von Chumbawamba als Klingelton. Sie hielt das Ding an ihr süßes Ohr und klammerte sich plötzlich an Fischers Jackettärmel. »Um Himmels willen, das gibt's doch nicht, Karli Burckhardt ist tot. Ziemlich sicher ermordet. Beim Theater!«

»Was? Heiliges Kanonenrohr, dann war der Aufstand bei der Pinkelplastik wegen ihm. Wer zur Hölle bringt denn an so einem Ort einen Regierungsrat um?«

Fischers Freundin war bei der sozialdemokratischen Partei. Da er sich ideologisch bedeutend weiter links außen definierte, kam es durchaus zu politischen Zerwürfnissen zwischen ihnen. Vor allem auch über diesen Regierungsrat und Baudirektor Burckhardt, der nach Fischer nichts anderes als ein willfähriger Lakai der lokalen Tiefbauunternehmen und der in Basel ansässigen internationalen Konzerne war. Die scheußlichen Hochhäuser, vielstöckige Bürogebäude, die der Chemieriese Heuslerpharm gerade baute, hatte der Sozialdemokrat Karli durchgewinkt. Das betreffende Gebiet wurde von der Politik problemlos in eine Bauzone umgewandelt, in der solche Wolkenkratzer hingestellt werden konnten. Gegen diese Verschandelung und Überbauung eines ganzen Quartiers hatte es keine behördlichen Bedenken gegeben. Der normale Steuerzahler hingegen musste sich schon für ein Sonnendach über dem Balkon eine städtische Bewilligung holen, die auch noch eine Menge Geld kostete. Ein harmloser Bewohner dieser Stadt wie Fischer war doch bloß noch Quantité negligeable. Stimmvolk, auf das nur bei den Wahlen alle vier Jahre kurz Rücksicht genommen wurde.

Und dieser Carl Felix Burckhardt in seiner Eigenschaft als oberster Chef des Basler Baudepartements vergällte dem leidenschaftlichen Fahrradfahrer Melchior Fischer auch ganz direkt das Leben. Ständig stieß er in dieser Stadt auf aufgerissene und gesperrte Straßen, an denen ein paar Arbeiter herumwurstelten und so quasi lebenslange Baustellen schufen, während private Bauvorhaben ruckzuck erledigt waren. So kam es Fischer jedenfalls vor. Der einfache Einwohner und Steuerzahler war immer der Letzte, auf den in dieser Stadt Rücksicht genommen wurde.

Um des lieben Friedens willen hielt Fischer aber den Mund, denn mit Maria darüber zu streiten, war sinnlos, ja masochistisch. Schließlich hatte die Sozialdemokratie, früher einmal die Heimat der Unterprivilegierten, in dieser Stadt die politische Oberhand. Jedenfalls auf dem Papier, den Wahlergebnissen nach. Aber davon spürte Fischer als eigentlicher Angehöriger des Prekariats einen elenden Hühnerdreck. Die

Verdammten dieser Erde blieben verdammt noch mal verdammt!

Er hätte in dieser wohlhabenden Stadt, aber eigentlich in der ganzen reichen Schweiz, als soziale und auch ökonomische Großtat beispielsweise ein bedingungsloses Grundeinkommen erwartet. 2.500 Fränkli jeden Monat für jede und jeden, das würde den Leuten mit Barem aushelfen, dabei die Invalidenrente und andere soziale Kassen entlasten, überdies den Konsum anheizen, und das bisschen Schotter für alle täte niemandem weh. Da gab man für das völlig sinnlose Militär bedeutend mehr aus. Die paar Milliarden, die so was kostete, wären noch dazu durch eine stärkere Besteuerung der Ultrareichen und der Firmenprofite jederzeit wieder hereinzuholen. Damit die Ausbeuter wenigstens ein bisschen mit den Ohren schlackerten. Aber denkste, das war mitnichten die Position der Sozialdämmerkratie in Basel. In deren Schatten gab es zwar noch eine wesentlich linkere Organisation, die aber auch nur auf Besitzstandswahrung aus war und deren Ratlosigkeit man unter anderem von ihrer Homepage ablesen konnte. Die war noch weniger aktuell als die von Melchior Fischer, Schriftsteller.

»Man hat den Karli wohl erstochen, bei diesem Schrotthaufen vor dem Theater. Mein Gott, dann war das Polizeiaufgebot dort ja wegen ihm …« Maria schluchzte, hob hilflos die Arme, ließ sie wieder sinken und drängte sich an ihren Freund.

»Geschieht ihm recht, diesem windelweichen sozialdemokratischen Arbeiterverräter!«

Nein, das sagte Fischer selbstverständlich nicht, auch wenn es ihm auf der Zunge lag. Er war durchaus betroffen, wie rasch der Tod ins blühende Leben griff, ein Pflänzchen auszupfte und auf den Misthaufen der Geschichte warf.

Aber er war hartgesotten, und im Laufe seines Lebens hatte er gelernt, dass die Liebe entgegen früherer Überzeugungen keine politischen Positionen kannte. Fürsorglich, aber hektisch schlang er seine Arme um die Freundin und trat ihr dabei auf den Fuß. Ihr hauchzartes »Aua« ließ er mit einem Kuss verstummen. Maria bebte und Fischer hielt sie fest, streichelte ihr über die schwarzen Locken und schaute in den hellen Nachthimmel. Da oben zischte jetzt vielleicht die Seele des ehemaligen Baudirektors der Stadt Basel herum. Obwohl Fischer nach wie vor der Meinung war, dass der Magistrat in die tiefste Hölle gehörte.

ZWEI

In den nächsten Tagen hatten die Medien in nah und fern gut zu tun. Der mysteriöse Mord am Basler Baudirektor brachte die Stadt auf den vordersten Radarschirm der öffentlichen Wahrnehmung, nicht nur im helvetischen Vaterland. Auch das Ausland horchte interessiert auf. Was für eine Tragödie. Bei »Basel Tourismus« war man sich nach Tagen noch nicht sicher, ob dieser Fall jetzt gut oder schlecht war für das touristische Label »Basel tickt anders« und den Fremdenverkehr.

Wild wucherten Spekulationen um die Täterschaft und eventuelle Motive. Es war schlicht unvorstellbar, dass eine Respektsperson von irgendeinem Sauhund einfach öffentlich hingeschlachtet worden war.

Die Polizei hielt sich bedeckt und informierte nur spärlich. Es gab laut Medienmitteilungen keine brauchbaren Hinweise aus der Bevölkerung. Obwohl der Theaterplatz abends ziemlich belebt und es noch nicht richtig dunkel gewesen war, hatte niemand etwas von dem schrecklichen Geschehen mitbekommen. Der schon tote Karli war zufälligerweise von einem jungen Mann entdeckt worden, der, nach eigenen Worten, im Schutze der Serraplastik schnell hatte Pipi machen wollen und über die Leiche gestolpert war.

Fischer sah, dass sich Maria wieder beruhigte und ihre nicht unbeträchtliche Tatkraft der Partei zur Verfügung stellte, um einen Nachfolger, oder noch viel besser eine Nachfolgerin für den unglücklichen Regierungsrat zu finden. Das bedeutete allerdings, dass Fischer abends oft allein war. Er hätte nun in die angesagten Bars gehen können und sich dort dem Leben in all seiner unverfälschten Spontaneität und Wirkungsmacht an die Brust werfen können. In Tat und Wahrheit aber saß er lieber zu Hause im bequemen Fernsehsessel und sah sich jedes Fußballspiel an, das er finden konnte. Sehr oft schlief er dabei ein, im Sessel und ganz ohne seinen geliebten Futon zu benützen.

Maria kam erst spätabends von den Parteisitzungen nach Hause. Ihrer Atemluft nach war sie anschließend an die politischen Entscheidungsfindungen noch in die eine oder andere angesagte Bar gegangen. Sie wies den schlaftrunkenen Fischer recht aufgekratzt drauf hin, dass er ruhig einmal im »Charlie«, im »Rostigen Hufnagel«, in der »Nachtbar« oder in sonst einer dieser neuen Bars auf sie warten könnte, wenn sie sich von der aufreibenden politischen Arbeit erholen wollte.

Fischer nahm diesen Tadel ritterlich an und lauschte noch ein Weilchen den Partei-Interna von Maria, bis er sie mit dem üblichen Kuss zum Verstummen brachte. Ab und zu hatte er Erfolg damit. Auch weitergehenden.

Er freute sich sehr, als es schließlich wieder Mittwoch war und er die Sporttasche packte, um mit ihr auf dem Rücken zu den Sportanlagen St. Jakob zu radeln. Es hatte bis kurz vor Mittag geregnet, aber nun rissen die Wolken auf, blaue Himmelsfetzen zeigten sich, Licht kam in die Welt, und seufzend schüttelten die Bäume die Wassertropfen von sich, wenn der Wind in sie fuhr.

»Der Fußballmittwoch ist heilig!« Der gute Bulle Roth stand schon auf dem Platz.

Fischer sah zu, dass er ins selbe Team kam wie der Polizist. Der trug dunkle Schatten unter den Augen und schien beim Spiel völlig neben sich zu stehen. Keiner seiner sonst makellos gedrechselten Pässe kam an, Fischer hetzte mehrere Male völlig sinnlos in den freien Raum, Gsöllpointner vertändelte den Ball, spielte ihn ins Aus oder schob ihn sicherheitshalber zurück zum Torwart. Der Bulle winkte müde ab und trabte ein bisschen auf dem Feld herum, während sich Fischer nach jedem vergeblichen Lauf erst wieder erholen und schwer schnaufen musste. Wenn der Rasen nicht noch nass gewesen wäre, hätte er sich gerne auf ihn gelegt.

In der Umkleidekabine waren Gsöllpointner und Fischer mit ihren hochroten Köpfen wie immer unter den Letzten, die mit dem Duschen fertig waren.

»Mensch, Franz, was hast du denn heute für einen Stiefel zusammengespielt? Geht es dir nicht gut?« Fischer reichte dem Bullen sein männlich-sinnliches Deodorant zum Gebrauch.

»Pfff, kannst du dir vorstellen, was bei uns los ist seit dem toten Baudirektor? Ich habe keine ruhige Minute mehr. Mit Waffengewalt hab ich mir heute freigenommen, damit ich beim Fußball auf andere Gedanken komme. Aber ich kann den ganzen Schmarren nicht einfach so abschütteln.«

»Mensch, Bulle, das tut mir echt leid. Gibt's denn schon irgendwelche Verdachtsmomente?«

»Ah, geh weiter, alle wollen bloß, dass wir so schnell wie möglich einen Täter dingfest machen, aber kreuzkruzifixnocheinmal, es gibt einfach keinen! Jedenfalls keinen, den wir kennen und dem wir etwas nachweisen können.«

»Vielleicht hat der perfide Sozialdemokrat offensiven Selbstmord begangen, Depression und so, was meinst du, Bulle?«

»Auf keinen Fall, Fischer, der Regierungsrat ist von hinten erstochen worden. Mit einem langen scharfen Ding, einer Nadel, einem dünnen Messer, was weiß ich. Die tödliche Verletzung kann der Tote sich nicht selbst zugefügt haben. Ich habe jedoch dem Staatsanwalt bereits vorgeschlagen, dich als Hauptverdächtigen festzunehmen. Du hast doch immer über diesen Karli Burckhardt geflucht und geschimpft, wegen der aufgerissenen Straßen und so. Zum momentanen Zeitpunkt reicht uns das als Motiv aus. Gib es ruhig zu, Fischer, du bist der heimtückische Mörder.«

»Franz, du ahnst gar nicht, wie nahe du der Sache kommst. Ich war tatsächlich zur Tatzeit in der Nähe des Theaters, wie du übrigens auch. Drinnen bin ich aber ein paar Reihen hinter dir gesessen. Ich hab ja nicht das fürstliche Einkommen eines Kriminalpolizeikommissärs. Als Alibi kann ich dir allerdings meine Begleitung, die entzückende Maria Casaramone, ihres Zeichens hartgläubige Sozialdemokratin, präsentieren. Ich habe auch genau gesehen, wie beseelt und befreit du plötzlich nach einem Handyanruf aus dem Zuschauerraum gehetzt bist.«

»Ja leck mich doch am Amselfeld, du hast dir das auch angesehen, dieses antike Spektakel? Okay, dann bist aus dem Schneider. Aber sonst, jetzt, ohne Amtsgeheimnisse zu verraten, Burckhardt war in dieser Metallskulptur, dort hat er einen tödlichen Stich abgekriegt. Warum und wieso, keiner ahnt es, keiner weiß was. Es fehlt einfach das gottverdammte Motiv. Alle sagen, dass der Typ ein Gutmensch, ein Politiker ohne Feinde, ein Mann des Volkes ohne Fehl und Tadel war. Sogar ich habe ihn immer für einen fähigen Politiker gehalten. Nur du, Fischer, behauptest das Gegenteil, also komm, spuck es aus, was weißt du?«

Fischer ächzte, um in die frischen Socken zu kommen. Sein Bauch war ihm trotz all des Sports schon wieder im Weg, seine Hüfte protestierte. »Franz, ich möchte nicht als sogenannter Wutbürger dastehen, aber ich kann dir ruhig sagen, dass ich Karli selig für korrupt halte. Aber ich halte fast alle anderen Politikerinnen und Politiker auch für korrupt. Viele nennen es Lobbyismus und finden, dass dabei alles korrekt im Rahmen des öffentlichen Rechtsstaats abläuft, wo eine hohle Hand die andere wäscht. Ohne ein gewisses Maß an Korruption sei Politik eigentlich gar nicht möglich, heißt es. Aber selbstverständlich gibt es Grenzen. Die Frage ist, wo diese verlaufen. Doch wegen ein bisschen Korruption bringt man in dieser idyllischen Stadt keinen um. Handkehrum ist Karli Burckhardt den großen politischen und ökonomischen Playern sicher nicht im Weg gestanden, sodass man ihn hätte wegräumen müssen. Wenn du mich fragst, hinter dem Mord steckt etwas ganz anderes.«

Gsöllpointner schüttelte nachdenklich den Kopf, schnüffelte in seine Fußballschuhe und warf sie mit einem vor Ekel verzogenen Gesicht in die Sporttasche. »Vor ein paar Tagen hat einer bei uns angerufen und den Mord gestanden. Er habe einen heiligen Penis, der tödliche Strahlen aussenden würde. Einer von denen müsse den Regierungsrat getroffen haben, hat der mit dem tödlichen Glied erzählt. Er sei nämlich am Mordabend ganz in der Nähe der Serraplastik gewesen.«

»Wunderbar, dann habt ihr ja einen Täter, Franz. Es war sozusagen ein Gottesurteil, vollstreckt von Sankt Schniedelwutz. Also stecken keine Korruption oder sonst etwas Unappetitliches hinter Karlis plötzlichem Ableben und …« Fischer verstummte jäh, als der Gerichtspräsident als letzter Fußballer aus dem Duschraum hinter der Umkleidekabine kam. Der war auch Sozialdemokrat. Man musste diese leicht zu schockierende politische Spezies ja nicht unnötig mit groben Vorwürfen verschrecken.

Obwohl ihm ausnahmsweise nichts wehtat vom Fußball, legte sich Fischer zu Hause dennoch genussvoll auf seinen Futon. Aber er fand keine Ruhe. Der tote Karli ging ihm langsam auf den Wecker. Der verfolgte ihn weit über das Grab hinaus. An der Beerdigung waren Maria und ihre Spezialdemokraten nur am Rande gestanden. Die einflussreiche Familie Burckhardt hatte eine bombastische Trauerfeier veranstaltet, an der erwartungsgemäß vom unersetzlichen Verlust des Sohnes sowie des liebevollen Ehemanns in der Blüte seiner Jahre die Rede war. Der soziale Kämpfer für das Gute und das Schöne kam erst danach. Die Familie Burckhardt war eine machtvolle Manifestation derer, die das Sagen hatten in dieser Stadt. Professoren, Politiker, Proselyten. Dann waren auch noch praktisch alle Chief Executive Officers der Basler Konzerne da gewesen. Sie traten sich während des Begräbnisses auf die Füße und stellten eine geradezu beängstigende Präsenz des Kapitals dar.

Fischer war selbstverständlich nicht erwünscht gewesen bei einem derartigen Anlass, aber Maria hatte ihm erzählt, wer sich da alles rund ums Grab herumgedrückt hatte, und Fischer war spontan und unschuldig auf den Gedanken gekommen, was eine Bombe, eine ganz kleine nur, ein Bömbchen, da hätte anrichten können.

Er musste doch eingeschlafen sein, denn der Klingelton seines Handys beendete einen bemerkenswerten Traum von Fischer. Er setzte sich auf, schüttelte sich und ließ das lästige Ding neben seinem Bett weiter fiepen. Was hatte er da bloß zusammengeträumt? Er, Fischer, war dabei gewesen, als sich Michail Fürst Bakunin und Friedrich Nietzsche im Jahre 1869 im Basler Volkshaus getroffen hatten. Und ausgerechnet er hatte zwischen den beiden Geistesriesen vermitteln und übersetzen sollen. Es war um nichts weniger als die Weltrevolution und die Umwertung aller Werte gegangen. Die beiden Ikonen des 19. Jahrhunderts hatten sich gleichzeitig in der alten Humanistenstadt am Rhein befunden. Fischer schüttelte sich noch einmal, die Handygeräusche verklangen mit einer jämmerlichen Dissonanz. Er legte sich wieder hin und rekapitulierte den Traum und seine realen Umstände.

Der Anarchist Bakunin hatte am 4. Kongress der Internationalen Arbeiterassoziation, der IAA, agitiert. Mit 78 Delegierten aus Deutschland, England, Frankreich, Belgien, Italien, Österreich-Ungarn, Spanien, den USA und der Schweiz hatte der Kongress im Volkshaus am Claraplatz im Kleinbasel stattgefunden.

Bakunin, der zum ersten Mal auf einem IAA-Kongress anwesend und von der Schweizer Juraföderation nominiert worden war, stellte den Antrag zur Abschaffung des Erbrechts, welches das Fundament des Privateigentums und des Staates überhaupt darstelle. Aus taktischen Gründen wurde diese Forderung durch die Anhänger von Karl Marx abgelehnt, die stattdessen für eine Erbschaftsbesteuerung plädierten. Zwar unterstützte eine Mehrheit der Delegierten Bakunins Forderung, jedoch konnte keine der beiden Seiten eine ausreichende Stimmenzahl für die Annahme ihrer Resolution für sich verbuchen.

Es schälten sich zwei Tendenzen innerhalb der IAA heraus: der sich auf Marx beziehende Staatssozialismus und ein anarchistisch geprägter Föderalismus, für den Bakunin und die Jurassier standen. Schließlich war es nach dem Basler Kongress über die Frage, ob sich die Arbeiter mit einer Partei an den Wahlen beteiligen sollten oder ob der Staat abgeschafft gehört, zur endgültigen Spaltung der weltweiten Arbeiterbewegung gekommen.

Der bereits am Geniekult leidende junge Friedrich Nietzsche war in jenem Jahr seit kurzer Zeit als außerordentlicher Professor für klassische Philologie an die Universität Basel und als Lehrer an das Gymnasium am Münsterhof berufen worden.

Nun war Fischer in seinem Traum mit den beiden auf den mächtigen Ufersteinen des Rheins gesessen, unweit der Mittleren Brücke. Bakunin, riesenhaft, mit einem gewaltigen Bart, nachlässig gekleidet und ziemlich struppig, rauchte wie der Teufel dünne Schweizer

Stumpen und ächzte in einem fort, dass er angeschlagener Gesundheit sei und die Revolution endlich kommen müsse, wenn er sie noch erleben solle. Nietzsche hingegen war wie aus dem Ei gepellt gewesen, er trug den schon markanten Schnauzbart sorgsam gepflegt und hielt sich in angemessenem Abstand zum russischen Anarchisten.

Fischer war mittlerweile wieder ganz in der Realität angekommen. Diese Träumerei! Sein Blick fiel auf das aufgeschlagene Buch auf einem der Stapel neben dem Futon. Nietzsche! Verdammt! Das kam davon. Kein Wunder träumte man nach dieser Lektüre derlei Unfug.

»Singend und tanzend äußert sich der Mensch als Mitglied einer höheren Gemeinsamkeit: Er hat das Gehen und das Sprechen verlernt und ist auf dem Wege, tanzend in die Lüfte emporzufliegen. Aus seinen Gebärden spricht die Verzauberung. Wie jetzt die Tiere reden, und die Erde Milch und Honig gibt, so tönt auch aus ihm etwas Übernatürliches: Als Gott fühlt er sich, er selbst wandelt jetzt so verzückt und erhoben, wie er die Götter im Traume wandeln sah. Der Mensch ist nicht mehr Künstler, er ist Kunstwerk geworden: Die Kunstgewalt der ganzen Natur, zur höchsten Wonnebefriedigung des Ur-Einen, offenbart sich hier unter den Schauern des Rausches.« So sprach Friedrich Nietzsche in »Die Geburt der Tragödie aus dem Geiste der Musik«, seinem ersten größeren Werk, in Basel geschrieben, und Fischer hätte das in seinem Traum ins Französische übersetzen sollen, damit Bakunin es verstand.

Der Anarchist hatte ihn und vor allem Nietzsche wegen dieses Sermons verächtlich gemustert und anschließend mit Bärenkräften in den Rhein geschubst. Zum Glück hatte in diesem Moment des Traums Fischers Handy geläutet und ihn gerettet. Und gerade begann das Ding neben dem Bett erneut zu jammern.

Maria war am Apparat. Sie könne heute Abend nicht mit Fischer ins Literaturhaus gehen, sie habe mit der Partei Krisensitzung wegen der Burckhardt-Nachfolge. Schon wieder dieser Tote. Fischer wollte ärgerlich werden, aber Maria redete hektisch weiter. Es seien auf einmal widerliche Gerüchte aufgetaucht über den Ermordeten. Eine Sauerei, so eine Nachrede ausgerechnet dem armen Karli, der immer alles für Basel gegeben habe.

Ja eben, dachte Fischer und machte sich ganz flach, um möglichst viel Kontakt mit der sanften Unterlage zu bekommen. Überdies war das nicht so weltbewegend mit dem Literaturhaus, er hatte Maria eingeladen, ja schon, und als gelegentlicher Schreiber und Verfasser eines einzigen Romans tat er gut daran, sich ab und zu in dieser Basler Kulturinstitution zu zeigen. Aber er wusste schon längst nicht mehr, wer denn heute in diesem Wortschuppen auftrat.

»Du liegst schon wieder im Bett, Freundchen, ich weiß es, ich höre es an deinem entspannten Grunzen«, erwähnte seine vielbeschäftigte Geliebte noch spitz, bevor sie auch schon das Telefonat beendete.

Fischer räkelte sich, drehte sich auf den Rücken und machte ein paar Bauchmuskelübungen. Danach streckte er bequem alle viere von sich. Nur im Liegen konnte man leben!

*

Evangeline Burckhardt hatte ihre gesamte schwarze Garderobe getragen. Kurz oder lang, weit oder eng, bieder oder sexy, sie hatte alles ausgereizt. Sie hatte angemessen Trauer gezeigt, war öfter untröstlich erschienen, aber ihre Tränen trockneten sehr schnell. Ach, der Karli. Jetzt war er weg, jetzt war er tot, herrje, ermordet gar!

Wer hatte wohl diese unappetitliche Arbeit auf sich genommen? Evangeline vermutete so allerhand. Sie war sich sicher, dass es diverse Menschen in Basel gab, die ihren Mann in die Hölle gewünscht hatten. Möglicherweise war Eifersucht im Spiel gewesen und einer von Karlis Seitensprüngen hatte einen gewalttätigen Partner, der den Rivalen aus dem Weg geräumt hatte. Der Herr Regierungsrat hatte auch im gesetzten Alter nichts anbrennen lassen. War ja auch schwierig. Immer diese aufgeregt gackernde Schar spitzer Hühner, die sich um ihn gebildet hatte, wenn der unverschämt gut aussehende und charmant lächelnde Karli aufgetaucht war. Sei es bei Parteisitzungen oder Einweihungen irgendwelcher Stichstraßen, sei es bei der Vernissage der Kunstmesse »Art« oder der Eröffnung der Nilpferdanlage im Zoo. Er war beliebt, sehr, sehr beliebt gewesen, der charmante Sprössling der wohlbestallten und weitverzweigten Basler Familie Burckhardt. Carl Felix, der am Ende seiner wilden Jahre von der radikalen Linken rechtzeitig zu den Sozis gewechselt war. Weil dort die Aussichten selbstverständlich besser waren, politische Karriere zu machen. Evangeline hatte Karli erst kennengelernt, als er schon ein hoffnungsvoller Parlamentarier war. Vor fast 20 Jahren war sie nach Basel gekommen. Sie wollte malen und mit anderen Menschen tolle Sachen unternehmen. Ihr Wille zur Kunst und ihr Aussehen – das war eine betörende Mischung. Das meinten viele Männer. Ihr milchweißer Teint und die roten Haare. Karli hatte sie zuerst für eine Engländerin gehalten und sich charmant als Charles oder Charlie vorgestellt, natürlich bei einer Vernissage im Kunsthaus. Dann war alles ganz schnell gegangen.

Evangeline hatte eine Flasche Veuve Clicquot Rosé Brut geöffnet und trank Glas um Glas. Wie hieß das bei Wilhelm Busch: »Die Witwe Klicko perlt im Glase.« Evangeline lächelte. Sie war jetzt eine Witwe. Sie schauderte, als ihr wieder einfiel, dass man wohl auch sie unter die Verdächtigen eingereiht hatte. Nun ja, sie hatte ihrem Mann vieles gewünscht, aber sicher nicht den Tod. Sie hoffte, dass man sie in Ruhe lassen und nicht allzu sehr triezen würde, aber sie wusste es besser.

Momentan wartete sie auf einen Anruf von ihrem »Man in Black«. Der hatte ihr vor ein paar Tagen noch diese Passage aus »Die fromme Helene« von Wilhelm Busch vorgelesen: »Wie lieb und luftig perlt die Blase der Witwe Klicko in dem Glase.« So hieß das. In dieser Bildergeschichte widmete sich der geliebte Schorsch mehr dem Champagner als seiner angetrauten Helene. Auch das kannte Evangeline aus ihrer Ehe mit Karli gut.

Aber dann war da der Schwarze Mann gewesen; sie hatten sich getroffen, wie vom Schicksal arrangiert. Auf einmal hatte sie ihre Traurigkeit ablegen können, auf einmal hatte sie wieder etwas gefühlt. Zum ersten Mal seit Langem tat sich etwas Neues für sie auf, ein Wirbel, eine Begeisterung, ein Licht am Ende des Tunnels.

Der Karli war plötzlich nicht mehr so wichtig gewesen. Er hatte selbstverständlich nichts wissen dürfen vom Man in Black. Das musste geheim bleiben, Diskretion Ehrensache. Auch wenn ihr Herz überschäumte und die Seifenblasen allumfassender Seligkeit ihr zu Kopf stiegen. Und auch dem Schwarzen Mann schien es so zu gehen. Sie hoffte, dass er nicht zu emotional, zu überschwänglich geworden war, dass er keinen Unsinn gemacht und keine Katastrophe angerichtet hatte. Dass nicht er etwa den Herrn Regierungsrat …

DREI

Fischer lag wieder, diesmal auf dem Bauch, das linke Bein angewinkelt und so hoch wie möglich gezogen, damit der Rücken nicht durchhing. Er hatte die Kissen frisch bezogen und atmete vergnügt in einer Duftwolke aus flauschigstem Weichspüler. Eine nationale Qualitätszeitung lag neben ihm, der Sportteil war zerknittert und höchstens zur Hälfte gelesen. Alles nur hysterisches Gequake. Die Schweizer Fußballnationalmannschaft hatte das wichtige Spiel gegen ein vermeintlich unterlegenes Team aus dem Baltikum vergeigt. Nur unentschieden! Nun drohte die Nichtqualifikation für die nächste Fußballweltmeisterschaft. Ein Kommentar verlangte gnadenlose und vollständige Aufklärung vom Nati-Trainer, wie es so weit hatte kommen können. Der Verantwortliche des Teams war seit einiger Zeit ein Mann mit Migrationshintergrund und stand seit Beginn seiner Tätigkeit unter besonderer Beobachtung der Öffentlichkeit. Nun gab es Stimmen, die von ihm ein Nationalteam forderten, das sich ganz auf urschweizerische Werte konzentrierte.

Fischer hustete hohl, drehte sich auf die schmerzende Hüfte, stöhnte auf und dachte: Als da wären: die Schlacht bei Morgarten mit Felsbrocken und Hellebarden und der scheußliche Holzhackerfußball der 1980er-Jahre, als alle Nationalspieler noch echte Schweizer waren. Dann drehte er sich wieder auf den Bauch, streckte das linke und zog dafür das rechte Bein an.

Zwei Zeitungsbunde weiter vorne verlangte ein Kommentar ebenso erbittert gnadenlose und vollständige Aufklärung des Todesfalls von Carl Felix Burckhardt. Gewisse Gerüchte hatten sich nämlich in der letzten Zeit festgesetzt. Das makellose Bild des sozialdemokratischen Baudirektors hatte Falten und Risse bekommen. Man munkelte vor allem von Eheproblemen, aber auch von gewissen Jugendsünden aus den Zeiten, als man sich als junger Mensch noch als linksradikaler Weltverbesserer gab, wenn man kein Hundsfott war. Solche und ähnliche alte Kamellen wurden plötzlich von den notgeilen Medien kolportiert.

Der verstorbene Regierungsrat habe vor über 25 Jahren zu den Chaoten der Basler Jugendbewegung gehört und sei dem marxistischen Gedankengut bedenklich nahegestanden. Damals hatten rebellische Jugendliche die für einen anderen Standort verlassenen Liegenschaften der Basler Stadtgärtnerei direkt am Rhein besetzt. Das war eine wahrlich idyllische Brache mit leeren Gebäuden, Schuppen und Glashäusern, die nunmehr bewohnt und belebt wurden.

Daneben war auch ein großartiger kultureller Betrieb eingerichtet worden, der auf dem Areal Platz fand: Konzerte, Lesungen, Filme, Bars. Ein wunderbares Leben im Freiraum. Das Paradies auf Erden. Quasi jeder vernünftige Basler Jugendliche welcher Glaubensrichtung auch immer hatte das damals toll gefunden und sich auf dem Gelände herumgetrieben. Über zwei Jahre lang war das gegangen, bis die sogenannte Stazgi Mitte 1988 gewaltsam geräumt worden war.

Fischer, der in einer anderen Schweizer Stadt aufgewachsen war und dort über die jugendlichen Stränge geschlagen hatte, kannte die diesbezüglichen Basler Vergangenheiten nicht so genau, auch wenn er ein paarmal in der besetzten Stadtgärtnerei verkehrt war und sich dort bestens amüsiert hatte. Das also war offensichtlich Karli Burckhardts linksradikale Vergangenheit, die Maria erwähnt hatte und die dem armen toten Tropf von Regierungsrat der Stadt Basel jetzt zum Vorwurf gemacht wurde.

Kurz empfand Fischer fast Sympathie mit dem Dahingeschiedenen, aber dann polterte das Handy neben der Bettstatt los. Es war einfach furchtbar, man konnte nicht einmal mehr ungestört vor sich hin liegen. Doch Fischers Zornstirnfalten glätteten sich schnell. Am anderen Ende der Leitung war Eduard Mendota. Dieser Mann war ein gnadenloser literarischer Anreißer, saß in allerlei literarischen Zirkeln und Fördergremien und hatte einen gewissen Einfluss auf das kulturelle Leben in der Stadt. Der stets in schwarzes und nicht allzu billiges Tuch gekleidete Mendota ließ Fischer öfter einigermaßen rentable Schreib- und Lesungsaufträge zukommen; er dachte einfach ab und zu an seinen alten Kumpel und dessen Ebbe im Portemonnaie. Ein solidarischer Kerl. Man verstand sich gut, ohne richtig Freund zu sein.

Manchmal schreckte Mendota den armen Fischer auch mit einem wahnwitzigen Projekt aus den Weiten von Kunst und Kultur auf, jagte ihn in die Höhe und ließ ihn dann aufrecht verrecken und in den Stiefeln sterben, weil das Projekt zu abgedreht und sowieso immer weniger öffentliches Geld für Kultur da war. Fischer hoffte, dass es diesmal nicht so ein Rohrkrepierer war, weswegen ihn Mendota anrief, denn er, Fischer, konnte gerade gut ein bisschen Bares gebrauchen.

Er gab sich also betont devot: »Krone ewiger Glückseligkeit, was stimmt mich Euer Anruf froh. Wie dreht sich die Welt da draußen? Was machen die Sätze und die Wörter? Wollen Euer Gnaden mich als Hauptattraktion zum Basler Literaturfestival einladen?«

Mendota ging nicht auf Fischers scherzhafte Anfrage ein. Er gab sich vielmehr kryptisch. Er wolle nur schnell zum Adieu winken, er könne unmöglich in Basel bleiben und begebe sich daher auf eine schon länger geplante Reise in den Osten, nach Weimar, nein, das sei zu klassisch, lieber nach Naumburg oder Halle an der Saale, oder er tauche unter in der Unstrut, an deren Ufern übrigens ein vorzüglicher Weißwein angebaut werde. Möglicherweise fahre er aber auch nach Paris, um in der ehemaligen Hauptstadt der Welt eine Zeit lang zu verschwinden.

Fischer verstand seinen Kollegen nicht nur nicht ganz, sondern überhaupt nicht, hüstelte und versuchte, Genaueres aus ihm herauszukitzeln.

»Ich lebe in einer Wolke aus Feuer, Fischer, du ahnst es nicht. Ich bin hier in Basel nicht mehr sicher. Verzeih mein Raunen, ich werde dich allersofortigst über mein Ungemach in Kenntnis setzen, wenn die Zeit gekommen ist. Ich melde mich dann aus der Fremde, aber halte du bitte still über alle meine Pläne. Wenn man dich fragt, ob du mich kennst, und das wird man bald sicherlich tun, sage zuvörderst nur das Nötigste, Fischer, ich bitte dich.«

»Das Nötigste?«

»Das Nötigste ist in diesem Falle nichts!«

Kopfschüttelnd legte Fischer auf. Das klang, zumindest von der Sprache her, als hätte Mendota drei Romane von Wilhelm Raabe hintereinander gelesen. Was zur Hölle war denn mit dem los?

Er quälte sich hoch, er musste hinaus in die Welt. Seit ein paar Wochen arbeitete er in einer kleinen Buchhandlung. Das heißt, arbeiten war möglicherweise leicht übertrieben. Er saß in einem schick eingerichteten Ladenlokal und wartete auf Kundschaft. Der Besitzer des Geschäfts war ein vermögender Architekt, der sich eine Kunstbuchhandlung mit ausgewähltem Sortiment und dem Namen »Aisthesis« leistete. Fischer kam diese Benennung ziemlich prätentiös vor. In seinem alten DDR-Lexikon der philosophischen Begriffe hatte er das Wort nicht gefunden, aber vom Buche Wikipedia der allmächtigen Bibel Internet war er belehrt worden. Aisthesis gab es als theoretischen Begriff bei den alten Griechen, theoretisiert von Leuten wie Aristoteles, Platon und Parmenides, und er stand für die Lehre der sinnlichen wie auch körperlichen Wahrnehmung und Empfindung. Ja, der Name passte zum Wirken eines Architekten, man musste sich nur umsehen, was die Kameraden dieser Fachrichtung in den letzten Jahren so in dieser Stadt gebaut und hingeklotzt hatten, das einem nun zur visuellen, aber auch körperlichen Empfindung wurde, allerdings nicht nur der erfreulichen Art.

Den Umbau der Buchhandlung hatte der Architekt aber gut hingekriegt. Obwohl sie im Parterre eines Altstadthauses lag, gab es viel Glas und Helligkeit und Ambiente. Fischer wollte nicht nachfragen, wie der Architekt die Bewilligung dazu bekommen hatte, in einem Haus der Kernzone so massive Umbauten gestalten zu dürfen. Wahrscheinlich kannte er einfach die richtigen Leute im Baudepartement.

Die Buchhändlerin, die sonst den Laden schmiss, war Mutter geworden, und so vertrat Fischer sie an zwei, drei Tagen in der Woche. Das gefiel ihm. Der Laden öffnete erst um 10 Uhr, und Fischers Hauptaufgabe bestand darin, ein Auge darauf zu haben, dass die

Kundschaft nicht die teuren Kunstbände mit schmuddeligen Fingern versaubeutelte. Ab und an verkaufte er ein Bändchen mit den Aphorismen von Francis Picabia oder einen Architekturführer für Basel. Wenn er allein im Ladenlokal war, erfreute Fischer sich manche Stunde an den hübschen Gedanken der künstlerischen Avantgarde aus der ersten Hälfte des 20. Jahrhunderts oder schrieb so vor sich hin. Er wollte sich wieder mal an einem Roman versuchen. Er zückte den feinen Filzstift und holte ein weißes Blatt aus der Schublade, dann saß er erwartungsvoll da. In seinem Kopf wirbelte allerhand, doch die Worte weigerten sich, aus ihren Verstecken hervorzukommen, ganze Sätze räkelten sich lieber im Urschlamm der Sprache, als sich Fischer anzuvertrauen. Sie ahnten wohl um die Demütigung, von ihm aufs Blatt geprügelt und kurz darauf mutlos wieder gestrichen zu werden.

Als Alternative hatte Fischer auch noch einen Kriminalroman begonnen. Das konnte schließlich nicht so schwer sein, das war doch bloß Trivialliteratur! Lange hatte er herumgehirnt, und dennoch war ihm keine tolle Handlung eingefallen, weil die Schweiz ja auch so verbrechensresistent war, zumindest was die großen menschlichen Dramen betraf. Ein Serienmörder im Kanton Solothurn, ein reiner Lacherfolg! Ein psychotischer Sektenführer im Thurgau, der für sich die Macht über Leben und Tod beanspruchte, ein Wunschtraum! Ein mörderischer Jagdfrevler im Kanton Graubünden, gähn! Die Mafia in Zürich, harmlos!

Alles nicht spektakulär genug, um als Inspiration für einen wirklich harten Krimi zu dienen.

Fischer hatte die aufsehenerregenden helvetischen Morde studiert. Nun gut, da hatte es letzthin diesen Mehrfachmord von Rupperswil im Kanton Aargau gegeben. Eine Familie dahingemetzelt von einem bis dahin unbescholtenen Knallkopf. Das Motiv nach wie vor unklar, aber vier Tote. Ein aufsehenerregendes, skrupelloses, rätselhaftes, schlussendlich total irres Verbrechen. Typisch für diesen Landstrich. So dachte Fischer. Er kannte die Gemeinde Rupperswil, ganz in der Nähe zum Rheinzufluss Aare gelegen. Er kannte den Aargau. Schuld an allem war dort der Nebel, war sich Fischer ziemlich sicher.

Sobald der Herbst anstand, fraß sich in den vielen wasserreichen Tälern das weiße Gespinst in die Landschaft und schließlich in die Gehirne der Menschen, wo es scheußliche Verwüstungen anrichtete. Das war die Nemesis dieses Kantons, der Nebel. Der reichte bis weit in Kultur und Politik hinein. Sorgte für Paranoia, Idiotie und Phobien aller Art. Nebulös in höchstem Maße.

Außerdem gab es noch eine Reihe von verschwundenen und höchstwahrscheinlich getöteten Kindern in den 1980er-Jahren. Ein gewisser Werner Ferrari und wohl auch der eine oder andere Nachahmer hatten gewütet. Nicht immer waren alle Fälle gelöst worden, aber das Vergessen ging rechtschaffen und solide vonstatten.

Fischer hatte auch die Schweizer Kriminalliteratur gelesen: Carl Albert Loosli mit »Die Schattmattbauern«, wo der Autor den raffinierten Selbstmord des alten Bauern wie einen Mord durch den verhassten Schwiegersohn aussehen ließ. Dann die Installation des verschrobenen, aber sehr menschlichen Polizeikommissars durch Friedrich Glauser, der den Brissago rauchenden Wachtmeister Jakob Studer aus Bern erfunden hatte. Danach kamen Dürrenmatts todkranke Polizisten, die an einem Mordfall endgültig verzweifelten. Diesen folgten diverse Romankriminalisten nach, die nicht weniger barsch, harsch und raunzig waren. Das Schweizer Publikum wollte es so!

Fischer träumte für seinen Krimi eher von einem zufriedenen Kommissar, der, ob nun erfolgreich oder nicht, mit einigermaßen guter Laune und durchaus charmant seiner Profession nachging, der den kleinen Freuden des Lebens zugetan war, keine Probleme in der Familie hatte und nicht am Bösen verzweifelte. Er musste Bulle Roth einmal fragen, ob er eigentlich glücklich war in seinem Job.

Fischer fantasierte aber auch von einem menschlichen Ungeheuer, das ohne moralische Bedenken sein blutiges Werk vollbrachte. Ein absolut skrupelloser Serienkiller, einer, der mit seinen maßlosen Taten die Schweiz verstörte, der den sozialen Frieden im Lande gänzlich zerstörte, der allen Glauben zerschmetterte, ein Genie des Verbrechens, ein Dr. Urs Beat Mabuse sozusagen. Kurzum, inmitten all dieses haltlosen

Wunschdenkens war es absehbar, dass es mit einem Krimi aus der Feder von Melchior Fischer so schnell nichts werden würde.

Der verhinderte Autor nahm es nicht besonders tragisch. Er streckte die Beine unter den Ladentisch und wartete auf Kaufwillige. Der gute Mendota war gleich einer der besten Kunden der Buchhandlung Aisthesis geworden, der auch mal einen zweifelhaften Krimi bestellte. Fischer überlegte. Was trieb die schwarze Krähe, den notorischen Verführer momentan bloß an? Der hatte richtig panisch geklungen am Telefon. Auf der Flucht? Vor was? Und wer sollte Fischer danach fragen, wo Mendota gerade war? Was waren das für Hirngespinste?

Fischer räkelte sich in seinem bequemen Designsessel und beobachtete einen nachlässig gekleideten Jugendlichen, der in einem Kunstkatalog blätterte und dabei wild um sich blickte.

Ladendiebstahlalarm! Fischer erhob sich und schob sich näher an den Jungen heran. Der schaute sich in einem großformatigen Band die Bilder von Félix Vallotton an.

»Der Mann konnte noch malen. Wahnsinn, diese Kombination der Farbflächen. Und was für ein sicherer Strich«, wandte sich der Jungfuchs an Fischer.

Der fühlte gleich zärtliche, wenn nicht gar väterliche Gefühle für den struppigen jungen Mann mit dem aufnahmebereiten Herzen. Fischer dachte kurz daran, wie wenig sich seine eigenen Kinder für die Segnungen von Kunst und Kultur interessierten. Wenn er einmal mit Rebecca, die immerhin gerade ihre Matura gemacht hatte, oder mit dem zwei Jahre jüngeren Tim ins Museum gehen wollte, etwa in die wunderbare Sammlung des Basler Kunstmuseums oder zu Max Ernst in die Fondation Beyeler in Riehen oder zu Tatlin ins Tinguely-Museum oder zu wem auch immer, dann zierten sich seine Sprösslinge oder hatten gerade sonst einen Haufen Wichtigeres zu tun. Selbstverständlich, so schien es Fischer, war das der schädliche Einfluss der Mutter, die im Laufe der Jahre das Künstlerische und Spielerische immer mehr denunziert und zugunsten einer rationalen und rein materiellen Sichtweise des Lebens reduziert hatte. Bis Rebecca ihm einmal gestanden hatte, dass es ziemlich schwierig sei mit ihm, ihrem Vater, ins Museum zu gehen, weil er einem die ganze Zeit ein Ohr abkaue und alles erkläre und zerrede, ohne dass man die geringste Chance habe, sich selbst ein Urteil zu bilden oder zumindest in Ruhe die Bilder anzuschauen. Auch das hielt Fischer im Grunde für Propaganda und eine Folge von Katharinas Indoktrination, aber möglicherweise hatte seine Tochter ja ein bisschen, aber nur ein kleines bisschen Recht.

Also seufzte er jetzt tief empfunden: »Ja, Vallotton, was für ein Trost für die Augen. Er lehrt uns das Sehen ganz neu!«

Plötzlich stand Bulle Roth im Laden und räusperte sich laut wie ein Sommergewitter. Fischer nahm dem Jugendlichen behutsam den Vallotton-Band aus der

Hand, stellte ihn zurück ins Regal und schob den Jungen aus dem Ladenlokal auf die Straße.

»Tut mir leid, hier gibt es gleich polizeiliche Ermittlungen, Sie müssen leider gehen!«

Bulle Roth lachte. Wie der Donner eines Sommergewitters.

Fischer schüttelte die Pranke des Polizisten und fragte sich dabei mit einem leichten Schauder, was den denn in eine Buchhandlung trieb. Vielleicht eine Frida-Kahlo-Monografie für die Frau Gemahlin? Hoffentlich musste Fischer jetzt kein Verkaufsgespräch führen.

Der Kommissär schüttelte und rüttelte sich und sah ihn mit einem erkennungsdienstlichen Blick an. »Kennst du zufälligerweise einen gewissen Eduard Mendota?«

Fischer zuckte überrascht zusammen und seine Antwort fiel knapp aus: »Öhm!«

»Was jetzt, öhm? Wir wissen doch, dass du ihn kennst. Jeder, der hier in der Literatur herumfuhrwerkt, kennt ihn.«

»Ja was fragst du dann, Franz? Klar kenne ich ihn, er ist ein alter Bekannter. Wir machen manchmal etwas Literarisches zusammen. Warum willst du das wissen?«

»Ach, nur so!«

»Quatsch, nur so!«

»Wie gut kennst du deinen alten Bekannten, Fischer?«

»Na ja, privat ist er sehr zurückhaltend. Ich kenne

ihn eigentlich nur als Kulturfuzzi. Umtriebig, eigenes Vermögen aus Erbschaft, immer schwarz gekleidet …«

»Du weißt nicht, wo er sich gerade befindet?«

Fischers Misstrauen war jetzt hellwach. Er verpfiff doch keinen alten Genossen. Was wollte denn der Bulle überhaupt von Mendota?

Fischers Magen knurrte plötzlich gut hörbar, und auch Kommissär Gsöllpointner starrte sehnsüchtig durch das Schaufenster auf die andere Seite der Altstadtgasse, wo sich ein Schnellimbiss befand. Augenblicke später hing auch schon ein Zettel an der Tür der Buchhandlung: »Bin gleich zurück, bei Notfall gegenüber!«

American Style. Sie setzten sich in das von Fettschwaden durchwaberte Stübchen. Fischer bestellte einen Caesar Salad, und der Polizist orderte einen ordentlichen Hamburger. Damit nicht gleich wieder das peinigende Thema Mendota aufkam, erzählte Fischer mit aufgesetzter Fröhlichkeit, dass er einen Kriminalroman schreibe und deshalb Informationen brauchen würde von einem, der sich bei der Polizei auskannte.

Bulle Roth hob die linke Augenbraue und forderte knapp: »Erzähl!«

Fischer zitierte aus dem Gedächtnis, wie er sich in seinem Romanmanuskript das Verhör mit dem zwar völlig irren, aber doch irgendwie sympathischen Serienkiller vorstellen würde.

»Wo haben Sie die Leiche verborgen?«

»Gar nicht! Ich habe sie gegessen.«

»Wie?«

»Süßsauer!«

Bulle Roth vergrub den Kopf in den Händen.

»Fischer, um Himmels willen! Wenn dir für deinen Krimi nicht mehr als so ein Kalauer einfällt, dann lass es bleiben!« Aber schließlich lachte der Kommissär der Basler Kripo doch.

»Ein ganzer Mensch in süßsaurer Soße, verstehst du, Bulle, länger gelagert, dazu fein gewürzt. Das muss doch prima schmecken.«

Das Essen kam. Fischer kaute auf den kleingeschnittenen Lattichblättern herum. Er hatte Maria versprochen, wegen des CO2-Ausstoßes und der Tierrechte so wenig Fleisch wie möglich zu essen.

Bulle Roth hob mit spöttischer Kraft den Hamburger von seinem Teller hoch und biss in das Ding.

Fischer sah ihm neidisch dabei zu, wischte sich den Mund ab und putzte die erste Büchse Bud weg. Auch den Alkoholgenuss sollte er laut Maria massiv einschränken. Dahinter steckte allerdings keine Ideologie, sondern einfach ihr dringlicher Wunsch, dass er weniger trank. Aber die Welt war voll mit schrecklichen und peinlichen und schmerzlichen Dingen, die man nur wegsaufen konnte. Diese Weisheit von alters her galt immer noch. Ja, sie schien dringlicher, drängender in diesen Jahren des Wahnsinns, die nur in einer allumfassenden gesellschaftlichen und wahrscheinlich auch sehr gewaltsamen Revolution enden konnten.

Bulle Roth kaute und schmatzte an seinem Hamburger. »Wenn du unbedingt einen Krimi schreiben willst, dann von mir aus. Aber du weißt ja, dass die Mehrzahl der Leser einfache Leute sind, die gern einen Kommissar haben, dem der Job irgendwann auf die Psyche geschlagen hat. Und du brauchst wahrscheinlich einen Bösewicht, der verzweifelt ist, aber doch nicht so verzweifelt, dass er Menschenfleisch isst. Und so weiter, das kannst du dir ja selber vorstellen. Brauchst dir ja bloß den Schmarren anschauen, der im Fernsehen immer kommt. Zumeist eine totale Schande für das Handwerk des Kriminalkommissärs.«

Fischer schob seinen Salatteller weg und schnappte sich ein Pommes Frites vom Teller seines Fußballkumpels. »Du meinst also, es macht sich nicht gut, wenn ich einen feinsinnigen Kannibalen als Protagonisten habe?«

Der Polizist lachte wieder, aber nur kurz. »Also, Fischer, wir haben uns über diesen Mendota unterhalten …«

»Was willst du von Mendota, Franz?«

»Ihm ein paar Fragen stellen, ganz harmlos.«

Fischer hatte plötzlich die kryptischen Worte von Mendota im Ohr, dieses »in einer Wolke aus Feuer wandeln und das Untergehen in der Unstrut«. Und die schwarze Krähe hatte Fischer gebeten, ihn keinesfalls zu verraten, warum auch immer.

»Wenn er nicht bei sich zu Hause ist, dann weiß ich es auch nicht, Franz, tut mir echt leid.«

*

Gsöllpointner saß wieder in seinem Büro und blickte auf die Binningerstraße. Autos, Lieferwagen und alle paar Minuten eine Trambahn fuhren stadtein- und stadtauswärts, als ob sie dafür bezahlt würden. Der Kommissär wollte sich eigentlich noch ein anderes Bild ausdenken, warum der Verkehr so hin und her rauschte, aber ihm fiel nichts ein.

Die Staatsanwaltschaft der Stadt Basel und mit ihr auch die Kriminalpolizei residierten seit gut 20 Jahren in einem architektonischen Meisterwerk in der Nähe des Zoologischen Gartens. Mittlerweile aber war die außergewöhnliche Fassade von den Abgasen grauschwarz eingefärbt.

Gsöllpointner blickte auf ein altes, grünblasses, langgestrecktes Haus auf der anderen Straßenseite. Das gehörte zum ehemaligen Gas- und Wasserwerk, welches aber schon lange nicht mehr in Betrieb war. Kurz bevor das Gebäude, in dem der Kommissär und seine Kollegen nun das Verbrechen bekämpften, damals in Betrieb genommen wurde, hatten sich nach dem gewaltsamen Ende der Besetzung der Stadtgärtnerei von dort Vertriebene in diesem leerstehenden Gas- und Wasserwerk niedergelassen. Es war eine Zeit der wilde Konzerte und Vollversammlungen gewesen, und man hatte die jungen Menschen immerhin eine Zeit lang gewähren lassen.

Hinter den alten Gebäuden, weiter stadtauswärts, lag eine Brache, fast eine Wildnis, ein unbebautes Gelände entlang des Flüsschens Birsig, auf dem Weg vom Verkehrsknotenpunkt Heuwaage bis hin zum Zoo. Es nannte sich das Nachtigallenwäldchen, und dort gingen einige Polizeikollegen immer mal wieder über die Mittagspause zum Joggen. Gsöllpointner, als wahrhaftiger und leidenschaftlicher Fußballspieler, hasste dieses sinnlose Herumgerenne in der Landschaft.

Hinter dem ehemaligen Gas- und Wasserwerk hatte dann die sogenannte Kuppel eröffnet, ein legales und legendäres Konzertlokal, in welchem der Kommissär mit seiner Frau das eine oder andere Rockkonzert erlebt hatte, vor allem von der bekannten Band »Züri West«, die Gsöllpointner besonders liebte.

Vielleicht fuhren die Autos ja auch in die Stadt hinein und wieder aus ihr heraus, weil die Menschen nichts Besseres zu tun hatten. Oder war es, weil die Stadt etwas versprach und die Menschen in den Kraftfahrzeugen an- und in sich hinein zog, bis diese merkten, dass es nur hohle Versprechungen waren und es sowieso viel zu wenige Parkplätze gab, weshalb sie blitzartig wieder herausfuhren.

Der Kommissär wurde aus seiner Kontemplation aufgescheucht. Das Diensttelefon klingelte so penetrant und dringlich, dass der Anruf nur Ungemach und Probleme bedeuten konnte. Am anderen Ende war der leitende Staatsanwalt, der Abteilungschef Kriminalpolizei. Er räusperte sich dramatisch und fragte dann, ob nicht Personenschutz für die noch lebenden Regierungsräte unbedingt nötig sei.

Sehr müde fragte sich der Kommissär, wie sein Chef sich das vorstellte, der kannte doch den angespannten Personalbestand der Kripo. Jetzt sollten sie auch noch sechs Personen schützen, ein Wahnsinn!

Er versicherte dem Leitenden, dass das eine außerordentlich gute Idee sei und er sich seine Gedanken machen würde, wobei er wusste, dass sein Chef jetzt gerade das Gesicht verzog und er, Franz Gsöllpointner, wieder ein paar Punkte weniger auf der Beförderungstabelle hatte.

Es klopfte kurz und Wachtmeister Britzig stolperte ins Büro.

Gsöllpointner erzählte seinem Untergebenen vom Ansinnen des Staatsanwalts. »Wo sollen wir denn die Leute hernehmen, Sakrament?«

Britzig schien zu überlegen und meinte dann: »Chef, ich würde nur noch unseren obersten Boss, den Vorsteher des Justiz- und Sicherheitsdepartements, schützen. Der Rest vom Regierungsrat ist sicher. Denn der vom Bau und der von der Justiz, das sind normalerweise die unbeliebtesten Departementsvorsteher. Nirgendwo gibt es so viele Skandale wie in diesen beiden Abteilungen, große und kleine, und gerade diese beiden Regierungsräte werden beispielsweise bei den Wahlen vom Volk nie direkt wieder in ihre Ämter gehievt. Immer erst beim zweiten Wahlgang, falls überhaupt. Das ist so ein Denkzettel nach Basler Art für diese Politiker. Ich bin ja nach wie vor der Meinung, dass ein Wutbürger unseren Carl Felix Burckhardt erstochen hat.«

Gsöllpointner brummte, hustete, brummte und meinte schließlich zu seinem Wachtmeister: »Britzig, rufen Sie doch den leitenden Staatsanwalt an und erzählen Sie ihm das, was Sie mir gerade erklärt haben. Vielleicht hilft's. Dann brauchen wir bloß für einen Regierungsrat Schutzpersonal abstellen, wo wir doch sowieso keinen Mann und keine Frau entbehren können. Himmelherrschaftszeiten! Außerdem – glauben Sie wirklich an einen politisch motivierten Mord? Wir sind doch hier in Basel, in der Schweiz, da sind die Menschen doch zivilisiert.«

Der Kommissär sah in den Augen seines Wachtmeisters ein dunkles Feuer der Begeisterung brennen. Gsöllpointner seufzte. Er hatte halt einen ganz anderen Verdacht.

*

In einer weiten Büroflucht in einem der obersten Stockwerke des Heuslerpharm-Hochhauses saßen drei Herren in tiefen Sesseln und starrten auf den Rauchglastisch. Darauf lagen genau sechs Exemplare eines Buches mit einem größeren Format als ein übliches belletristisches Werk, aber doch kleiner als ein Kunstkatalog. Es handelte sich dabei um den Gedichtband des eben aus dem Amt geschiedenen ehemaligen Chief Executive Officers von Heuslerpharm. Zu seinem altersbedingten Abschied hatte der Grandseigneur zutiefst empfundene Poesie und Denksprüche von sich als Buch drucken lassen. In einer Riesenauflage, Papier und Druck hochwertig in jeder Beziehung, in Leinen gebunden, mit rotem Lesebändchen, durchgehend zweifarbig. Der Sohn des CEO, ein Künstler, hatte sich bei der Gestaltung ausgetobt. Alle Kadermitglieder von Heuslerpharm bekamen genau zwei Exemplare dieses Buchs in die Hand gedrückt, alle anderen Mitarbeiter je eines. Eine dezent duftende Bürokraft war vor einer Viertelstunde in den Raum gestöckelt und hatte schmallippig sechs Bücher auf den Rauchglastisch gelegt.

Die drei Sesselfurzer nahmen die Bücher aber gar nicht wahr, und sie taten gut daran, denn die Gedichte und Aphorismen des Alten stanken. Man konnte es riechen, wenn man mit der Nase nur nahe genug an die Bücher herankam.

Die Herren trugen alle gehobene Bürouniform, also Anzug und Krawatte, und wohl auch rahmengenähte Schuhe. Lustlos nippten sie an ihren Tassen.

»Wer zur Hölle wird jetzt der Nachfolger von Carl Felix Burckhardt?« Der Herr mit dem etwas zu breiten, ins Violette changierenden Schlips wischte sich nicht vorhandenen Schweiß von der Stirn.

»Das ist immer noch unklar. Die Sozialdemokraten sind sich nicht einig. Eine größere Gruppierung wünscht eine Frau.« Der Herr mit dem schmalen, dunkelblauen Selbstbinder sah während seines Votums begeistert auf seine makellos manikürten Fingernägel.

Der Herr, der seine dezent gemusterte, rote Krawatte zu einem perfekten Windsorknoten geschlungen hatte, pfiff leise durch die Zähne und meinte: »Kann man da was machen? Also einwirken …«

»Davon würde ich vorerst abraten. Ist der Nachfolger gewählt, kann man weiterschauen. Außerdem ändert sich ja nichts großartig im Baudepartement. Da kommt nur ein neuer Chef, aber die verantwortlichen Stellen bleiben.« Der violette Schlips steckte das gleichfarbige Einstecktuch wieder dort hin, wo es hingehörte.

»Ich bin auch dafür, dass wir uns zurückhalten. Es gibt Gerüchte …« Der schmale dunkelblaue Selbstbinder sah auf und knispelte an seinen Fingernägeln herum.

»Wenn ich Sie auf das letzte Memorandum hinweisen darf, meine Herren, diese Indiskretionen über unsere weiteren Bebauungspläne. Man ist der Meinung, dass der Herr Regierungsrat höchstpersönlich das Informationsleck war. Schließlich kommt dieser

Protest aus dem betroffenen Quartier direkt von seiner Partei und deren Verbündeten.« Der perfekte Windsorknoten runzelte die Stirn und sah besorgt drein.

»Das halte ich nicht für wahrscheinlich, dass der Herr Exregierungsrat irgendetwas Substanzielles über unsere weiteren Bebauungspläne ausgeplaudert hat vor seinem tragischen Tod. Und wenn, dann ist das doch kein Problem. Die Zonenplanung ist, wenn ich das so sagen darf, auf unserer Seite. Unsere Baupläne finden im Basler Parlament doch wohl immer die Mehrheit. Wie sollte es auch anders sein.« Der violette Schlips atmete tief durch und fingerte schon wieder an seinem Kavalierstuch herum.

»Wir sollten uns mehr um die Medien kümmern als um die Politik. Dass von dieser Seite keine Sperrfeuer kommen, erscheint mir wichtiger als ein willfähriger Magistrat.« Der dunkelblaue Selbstbinder faltete seine Hände wie zum Gebet.

»Kann ich vielleicht einen Whisky oder sonst etwas Stärkeres in meinen Kaffee kriegen? Dieses Gebräu schmeckt mit Verlaub grauenvoll. Hast du eine neue Sekretärin?« Der Windsorknoten verzog das Gesicht.

Der violette Schlips verwarf die Hände und öffnete den Mund, um etwas zu sagen. Aber er blieb still, stand auf, ging zum überdimensionierten Schreibtisch und holte dort aus einer Schublade eine Flasche mit einer bernsteinfarbenen Flüssigkeit. Er stellte die schlanke Pulle auf den Glastisch und sah seine zwei Genossen mit einer Art väterlichem Wohlwollen nacheinander an. »Wir warten also zuerst einmal, wen die Sozialdemokraten auf den Sessel von Burckhardt hieven wollen. Wenn dann Handlungsbedarf besteht, schauen wir uns das genau an. Sind wir uns einig?«

Die beiden anderen Krawattenträger nickten bedächtig und schenkten sich jeweils einen großzügigen Schluck Glenmorangie in die Kaffeetasse.

VIER

Manchmal sank Fischer tief in den Schlaf, so tief, als ob er ganz unten in schwarzem Wasser schwebte. Nach dem Aufwachen wusste er einige Augenblicke nicht, wo er war. Manchmal lag er so tief im Traumozean, dass er nicht mehr wusste, wer er war. Dann bewegte er den Kopf, von vorn nach hinten, von links nach rechts und umgekehrt, ruderte mit den Armen und strampelte mit den Beinen, bis ihm seine Glieder sagten: »Hey, Mann, keine Angst, wir sind es, deine alten Arme. Und da unten sind wir, deine schrundigen Beine mit den Krampfadern vom Fußball. Darüber ist dein halbharter Penis, der sich gerne noch an Maria erinnert, die schon längst aufgestanden und arbeiten gegangen ist. Das zuoberst bei dir, was jetzt so wackelt, das ist dein Kopf. Insgesamt ist alles miteinander verbunden und jeder Körperteil weiß, was er macht. Beruhige dich, wir sind du, und du bist es!«

Fischer stellte danach seine Bewusstseinsfindungsversuche ein und lag einfach da. Er wartete ab, ob sein Körper noch weitere Zeichen gab. Schließlich konzentrierte sich auf das Zentrum in ihm. Das blöde alte Hirn normalerweise. Dort lagerten die Hin- und Beweise, wer er war. Oder er hörte auf die Schmerzen in der Hüfte. Der halbharte Penis war auch ein Zeichen. So bekam er neben den Traumresten die sogenannte Wirklichkeit, sein Leben, seine Existenz, sein Denken und seine Sinne, sein Wehen, Weben und Wesen langsam wieder in den Griff. »Fischer Melchior, geboren an einem Donnerstag im September 1958, Kulturschaffender und Lohnschreiber, momentan tätig als Buchhändler. In all seinen Aktivitäten eher erfolglos, aber immerhin erfolgreich geschieden, zwei Kinder auf der Schwelle zum Erwachsenwerden, Rebecca und Tim. Derzeit liiert mit Maria Casaramone, wohnhaft im minderen Teil der Stadt Basel.« Ja, das war alles korrekt.

Fischer hatte Maria in den Freibergen im Kanton Jura kennengelernt. Ein unglücklicher Zufall zuerst, eine lächerliche Geschichte alles in allem, aber mit einem guten Ausgang.

Er hatte sich vor knapp zwei Jahren, in den wüsten Tagen vor der endgültigen Trennung von seiner Frau Katharina, ein Rennfahrrad gekauft und war damit losgefahren, von Basel aus südwärts. Er wollte weg, raus aus der Stadt am Rheinknie, in der er fast nicht mehr atmen konnte und seine Frau ein Verhältnis mit einem Kollegen aus dem Anwaltsbüro hatte. Nicht einmal seine Kinder konnten ihn aufhalten.

Gerade hatte sich der September breitgemacht und der Restsommer hing über dem Land. Die Bauernhöfe im Baselbieter Jura lagen im Grün wie Schatztruhen, die von bissigen Hunden bewacht wurden, die hinter Fischer herjagten, wenn er zu nahe an den Anwesen vorbeiradelte. Er keuchte die Höhen des Juras hoch und war froh, dass er dabei den Kopf ausschalten konnte. Wenn er schließlich hinunter ins Tal sauste und die Sauerstoffzufuhr in seinem Gehirn wieder funktionierte, dachte er trotzig, dass Katharina ihn ruhig verlassen sollte, das dumme Stück, er brauchte sie nicht, er hatte ja sich, diesen Körper, der transpirierte und schlotterte und doch übermächtig war nach bestandener Anstrengung. Dann brüllte er in die menschenleere Landschaft hinaus, in die unschuldige Vegetation hinein.

Schließlich japste Fischer die stete Steigung des Scheltenpasses hoch, die Atemluft stach ihm scharf in die Lungen und die Beinmuskeln zitterten, seitdem es das erste Mal hart bergauf gegangen war. Er hatte schon fast beschlossen aufzugeben, umzudrehen, sich schlagen zu lassen von diesem verdammten Jurapass, diesem hirnlosen Ding aus Land und Stein und einer Straße, die fast kein Mensch außer ihm befuhr. Aber dann zermalmte er das Wort »Katharina« zwischen den Zähnen und stieg weiter in die Pedale. Schließlich war er am Ziel, oben, irgendwo, im Niemandsland, Wiesen, Bäume, Wanderwegschilder, zerknitterter, gespaltener Asphalt vor und hinter sich. So ließ er sich in Schlangenlinien hinuntertragen bis in den ersten Ort im Kanton Jura, nach Mervelier, ein Wunder, ganz klar.

Später landete er in Delémont. In der Hauptstadt des Kantons Jura übernachtete er bei Freunden, pflegte kurz den wieder aktivierten Trennungsschmerz und erreichte irgendwann, nach einem weiteren muskelzerfetzenden Aufstieg, die Freiberge bei Montfaucon. Der »Falkenberg« stellte sich als breites, habliches Dorf auf der Hochebene heraus. Fischer radelte ein bisschen herum, zwischen Pferdeweiden und dunklen Wäldern. Das Wetter war schlechter geworden, als ob der Sommer plötzlich wie mit einem Lichtschalter ausgeknipst worden war. Trübnis zog auf und Fischer überlegte, ob er sich nicht in ein Hotel verziehen sollte. Er stand an einer Kreuzung, von der es geradeaus jäh nach unten ging, ins Tal des Doubs. Also fuhr er links und geriet nach ein paar hundert Metern in eine Nebelwand, die ihm jegliche Sicht und Orientierung raubte. Er sah nur noch ein, zwei Meter weit, ein kleines Stück Straße, den unbefestigten Rand, die angrenzende Brache, das alles dann in der Unwirklichkeit verschwindend. Der letzte Ort, durch den er gefahren war, war Les Enfers gewesen. Nun stand Fischer in der Nebelhölle.

Mit dem Nebel war er aufgewachsen. Das weiße Gespinst, die durchlässige Wand – schon mit seinen Kinderhänden hatte er damals in einem Aargauer Tal hineingelangt. Aber da war nichts, was man greifen konnte. Begreifen schon gar nicht. Der vierjährige Fischer hatte sich aus dem Wohnblock gestohlen, während seine Mutter im Keller nach der Wäsche sah, und der Bruder, der kurz auf ihn aufpassen sollte, lieber in seinen Karl-May-Romanen schmökerte. Klein Fischer war durch weiße, wollige, wattige Wolken auf die Wiese hinter dem Haus gelaufen. Allein hatte er dagestanden im feuchten Nichts und alles war verschwunden. Plötzlich hatte ihn diese schreckliche Erkenntnis durchfahren, Tränen waren ihm über die vom Honigbrot verkrusteten Backen gerollt, und er weinte und weinte, weil er so allein auf der Welt war.

Damals war der Nebel in Fischer gedrungen. Schwadenweise, eine weiße Drohung. Die Furcht vor der Einsamkeit, das schreckliche Gefühl, dass er niemandem je etwas bedeutet hatte und bedeuten würde, dass nie jemand für ihn da sein würde. Auch wenn ihn seine Mutter dann rief und sogleich aus dem Nichts rettete, und sein Bruder zur Strafe seine Lektüre, nämlich »In den Schluchten des Balkans«, vorübergehend abgeben musste.

Später in seinem Leben war es tatsächlich so gewesen, dass Fischer die Menschen oft nur als nebelhafte Spukgestalten begegnet waren. Viele dieser Schemen, vor allem Frauen, hatte er fesseln und halten wollen, aber sie waren ihm gleich wieder entstoben, entzogen sich, da sie nichts als Dunst und Nebelschwaden waren.

Erst als Fischer nach Basel gezogen war, verschwand dieses Phänomen aus Wasserdampf aus seinem Leben. Nebel existierte praktisch nicht in der Stadt am Rheinknie, weil er vorher vom sogenannten Möhlin-Jet ausgetrocknet und zerblasen wurde. Und weil Fischer ja dort Katharina getroffen und mit ihr eine Familie gegründet hatte, war alles trotz der üblichen Probleme wunderbar und voller Farben.

Nun, in diesem betäubenden Juranebel stieg Fischer in jenem Sommer vom Fahrrad, ließ es halb auf der Straße liegen und ging ein paar Schritte in eine Wiese, in das zähe Gespensterweiß, das über dem Land lag. Er streckte die Arme aus und versuchte, nicht wieder vier Jahre alt zu sein.

Wie ein Leuchtkäfer brummte plötzlich ein Auto daher, das Motorengeräusch gedämpft, der Scheinwerfer kurz sehr hell, in dem Moment, als es auf Fischers Renner traf und ihn quasi über den Haufen fuhr.

Im Auto saßen drei Frauen, die schockiert von der Vollbremsung hüftsteif aus der Karre stiegen. Es handelte sich um zwei ältere, pikierte Gesichter machende Damen mit strengen Frisuren und eine nicht so alte Frau mit kecken, kurzen schwarzen Locken, die das Auto gefahren hatte und nun das Reden übernahm. Sie entschuldigte sich wortreich, meinte aber auch sarkastisch, dass sie in diesem abgelegenen Furz von Landschaft kein auf der Straße liegendes Velo erwartet habe. Fischer schätzte sie auf vielleicht 45, jedenfalls keine 50, und sie gefiel ihm über alle Maßen gut. Das war Maria Casaramone, aber das erfuhr er erst später in Basel. Er entschuldigte sich schließlich auch dafür, dass er das Rennrad so blöd auf der Straße gelassen hatte, aber dieser vermaledeite Wasserdampf sei quasi in ihn gedrungen und habe ihm das Hirn vernebelt. Die drei Frauen sahen sich skeptisch an und wandten sich dann anschließend mit besonders freundlichen und anteilnehmenden Mienen wieder dem vom Nebel Getroffenen zu. Man tauschte Adressen und Versicherungen aus, stellte fest, dass sie alle im schönen Basel wohnhaft waren, dann wurde Fischer ins Auto komplimentiert, sein verbogenes Rennrad konnte auf den windigen Dachträger montiert und sie beide nach Saignelégier zum Bahnhof gebracht werden. So endete Fischers vorerst letzte Flucht vor sich selbst.

Zurück in Basel kassierte er eine anständige Versicherungssumme für das kaputte Rennvelo, von der er ein gebrauchtes Dreigangfahrrad kaufte und einen Teil der Mietkaution für eine Zweizimmerwohnung in schlechtester Lage berappen konnte. Die Trennung von Katharina war manifest.

Maria Casaramone, die mit ihren beiden Tanten in der jurassischen Nebelhölle im Opel Zafira gesessen hatte, ging ein paar Wochen später mit Fischer arabisch essen. Sie unterhielten sich prima über Musik und Literatur, sparten die Politik wohlweislich aus, entdeckten gemeinsame Vorlieben, aber vor allem auch gemeinsame Hassobjekte, dann ging es ins Kino, und so war eins zum anderen gekommen.

Fischer stand auf und ging in die Küche. Unter beträchtlichem Dampfen und Zischen spendierte die Kaffeemaschine eine starke Ladung Koffein. Fischer genoss mit geschlossenen Augen, anschließend las er eine rechtslastige Lokalzeitung, die er nur wegen des Sportteils abonniert hatte. Seufzend blätterte er auf Seite drei, für die die allerneuesten Enthüllungen im Fall des ermordeten Regierungsrats Burckhardt angekündigt waren. Aus dem reißerisch aufgemachten Artikel erfuhr er nicht nur, wie tödlich so ein langes spitzes Ding, eine Nadel etwa, als Mordinstrument wirkte und wie schnell Karli hinüber gewesen war. Fischer las auch, man wisse aus wohlunterrichteter Quelle, dass die Frau des Ermordeten einen Liebhaber gehabt habe, der nun abgängig oder flüchtig war. Möglicherweise, man stelle diese Vermutung einfach in den Raum, habe ebenjener den Ehemann seiner Geliebten abgemurkst. Der wilde Sturm der Liebe!

Das mit der chaotischen oder linksradikalen Vergangenheit von Karli war schon nicht mehr interessant. Vielleicht hatte die Familie Burckhardt oder die sozialdemokratische Partei bewirkt, dass diesbezüglich eine weitere, vertiefte Berichterstattung nicht stattfand. Also beschränkte man sich auf den Lover der Regierungsratswitwe.

Fischer las den Sermon noch einmal und hatte danach ein Wort mit sieben Buchstaben im Kopf: Mendota!

Der Schwerenöter! Deswegen sein Geraune und Gemurmle. Zuvörderst Wolken aus Feuer. Allerergebenst auf der Flucht. Wahrscheinlich Paris, die alte Hauptstadt der Welt, die Metropole der Revolutionen, so wie Fischer die Vorlieben und Affinitäten des Gesuchten kannte. Der war ein absoluter Romantiker, was die Geschichte der Gescheiterten betraf. Jetzt war Fischer auch endgültig klar, warum Bulle Roth ihn nach Mendota gefragt hatte.

Aber war der wirklich der Liebhaber von Evangeline Burckhardt? Zuzutrauen war es ihm. Handkehrum – galten in den Kreisen von Regierungsratsgattinnen Literatur und deren Vermittler etwa als sexy?

Bei der eigenen Geliebten war sich Fischer nicht so sicher. Ihm schien, dass Maria seine häuslichen Fähigkeiten eher schätzte als seine literarische Verve. Schließlich hatte Fischer eine Karriere als Hausmann hinter sich. Selbst wenn er bei revolutionären Straßenkämpfen eine Barrikade bauen und verteidigen würde, bekäme seine Geliebte wohl kein größeres Kribbeln. Und sie würde höchstens fragen, ob er all das Bier selbst gesoffen habe aus den Flaschen, aus denen er jetzt Molotowcocktails bastle.

Maria hatte sich zum Mittagessen angekündigt. Er würde also noch die Hütte säubern und sich selbst auch. Danach gab es Pasta. Die sichere Nummer.

Fischer hörte ein gedämpftes Schimpfen aus dem Korridor, als er kurz vor Mittag das Nudelwasser abgoss. Maria wand sich aus ihrer Regenjacke und verfluchte das elende Wetter. Sie kam in die Küche und küsste ihren Freund durch den Wasserdampf. Fischer verbrannte sich die Pfoten am heißen Topf, als er die Zärtlichkeit erwiderte. Aber das war es wert, auch wenn Maria gleich loslegte. Sie spuckte ein bisschen, als sie Evangeline Burckhardt als Miststück bezeichnete. Das könnten sie, die Sozialdemokraten, jetzt überhaupt nicht brauchen, so eine läufige Hündin, die das Andenken von Karli Burckhardt besudle. Das sei politisch übel und moralisch sowieso eine Schweinerei.

Nicht schon wieder, dachte Fischer mutlos und rieb den Parmesan. Er beschloss sogleich, kein Wort über seinen Verdacht bezüglich Mendota zu äußern. Während er Teller und Besteck auf dem Tisch verteilte, wandte er nur bescheiden ein, dass es wohl die Privatsache von Evangeline Burckhardt sei, einen Lover zu haben.

»Mach dir nicht ins Hemd, Fischer, Evangeline, ach, Ewangscheliin! Diese Asphaltschwalbe soll von mir aus fremdvögeln, aber dann auch ihr blödes Maul halten. Woher wissen denn diese sogenannten Journalisten, dass sie einen Lover hatte, wen auch immer? Doch wohl von ihr selbst!«

Maria schöpfte energisch von der Tomatensoße und ließ den geriebenen Käse schneien. Fischer konnte es einfach nicht sein lassen und ein unverfänglicheres Thema ansprechen, etwa das Schweinewetter oder angesagte Bars. Er ließ nicht locker. »Wer hat denn jetzt deiner Meinung nach den armen Karli abgemurkst, Maria?«

Er sah, dass seine Geliebte einen Klecks roter Soße

auf ihrer entzückenden Wange hatte, und wollte ihn charmant wegküssen. Doch Maria drehte den Kopf weg und schnaubte: »Ein Irrer natürlich! Wer bringt schon auf diese Art und Weise auf einem öffentlichen Platz einen Spitzenpolitiker um? Ein Irrer, der sich demnächst ein neues Opfer suchen wird. Also pass auf dich auf, Fischer!«

Wenig später rauschte sie wieder ab. Sie arbeitete seit Neuestem festangestellt und Vollzeit in einem der vielen Büros des Erziehungsdepartements des Kantons Basel-Stadt. Sie klagte zwar immer, dass ihr Job langweilig sei, aber der Lohn war recht ansehnlich. In der Folge hatte sie eine geräumige Vierzimmerwohnung an der Mörsbergerstraße gemietet und war mit Fischer unter dem Arm dorthin gezogen.

Das war ein anderes Leben als im lärmigen Betonwohnblock ein paar Straßen weiter nördlich an der Ausfallstraße. Hier, im Zentrum des Matthäus-Quartiers, herrschte der Altbau vor, hier gab es sinnliche Häuser, hohe Räume, schöne Böden, Stuck, Lärmschutzfenster. Geradezu bourgeois, sozialdemokratisch halt. Hier konnte Fischer seinen Exerzitien im Liegen vom Straßenlärm gänzlich ungestört nachgehen.

Das mit Mendota war ein harter Schlag. Die alte schwarze Krähe war doch kein Irrer und kein Killer. Und schon gar kein Stecher … Fischer musste lachen. Doch, ein Stecher war er, der Man in Black, aber keiner mit einer tödlichen Waffe. Das Weiterspinnen derlei Gedankenguts führte bei Fischer zu einer gewissen Wohligkeit in der Körpermitte.

Doch jetzt ging es um Mendota, der gesucht wurde. Schon einmal hatte Fischer den Kulturfuzzi für einen heimtückischen Killer gehalten, am Anfang ihrer Bekanntschaft, als es vor ein paar Jahren in der Literaturszene von Basel zu mysteriösem Mord und Totschlag gekommen war. Der Täter war schlussendlich ein durchgedrehter Lyriker gewesen und nicht Mendota. Aber war es jetzt so weit? Ein im Liebesrausch rasender Man in Black erstach den Nebenbuhler, den Ehemann seiner Geliebten? Nein, das war geradezu lächerlich. Fischer schüttelte den Kopf, aber vielleicht sollte er sich diese Evangeline Burckhardt einmal ansehen, mochte sein, dass sie über besondere Fähigkeiten verfügte, die auch einen Mendota zu einem Mord trieben. Ganz besondere Fähigkeiten.

Fischer begab sich wieder in liegende Position, dachte fest an die in letzter Zeit so spröde und ferne Maria und holte sich gepflegt einen runter.

Anderntags stand, nein, saß Fischer wieder in der Buchhandlung. Ein Schatten fiel durch den gläsernen Eingang, ein breiter Schatten, und Fischer fürchtete schon wieder einen Besuch von Bulle Roth.

Der Mann, der die Buchhandlung betrat, trug diesmal keine etwas zu breite, ins Violett changierende Krawatte, sondern einen definitiv viel zu breiten, jägergrünen Schlips, durchwirkt mit goldenen

Fäden. Er war es offensichtlich gewohnt, viel Platz einzunehmen, und fixierte den bequem sitzenden Fischer.

Der stand gemächlich auf und näherte sich dem Herrn, der immerhin nach guter Kundschaft aussah.

Er habe mit dem Hans abgemacht, sich hier zu treffen, also mit dem Herrn Hartung, dem Besitzer der Buchhandlung, meinte der Grünbeschlipste, legte die Plastiktüte, die er unter dem Arm getragen hatte und in der sich offensichtlich Bücher befanden, auf einen Stuhl und nestelte sein ebenfalls jägergrünes Einstecktuch aus der Brusttasche, um sich damit über den kahlen Schädel zu fahren.

Der Architekt Hartung kam äußerst selten in seine Buchhandlung »Aisthesis«, und ob er mit diesem Herrn ein Treffen vereinbart hatte, entzog sich gänzlich Fischers Wissen. Also stand er nur da und wartete auf eine weitere Äußerung des Besuchers, der aber nur schnaubte und sein Poschettli umständlich zusammenfaltete.

Jetzt erkannte Fischer den Mann, er war niemand anderes als dieser Otto Von der Mühll, eines der hohen Tiere bei der Heuslerpharm. Fischer hatte erst letzthin von ihm gelesen, in einem etwas nostalgisch angehauchten Artikel in einem Gratisblatt. Da hatte gestanden, dass nach dem altersbedingten Rücktritt des CEO der Heuslerpharm nun dieser Von der Mühll quasi der letzte operative Chef der hiesigen Chemie sei, der einer der guten, alten Basler Familien entstamme.

Das Porträtfoto zum Zeitungsbericht hatte ebendiesen Herrn gezeigt, der nun vor Fischer stand und ungeduldig das Kavalierstuch zurück in seine Brusttasche schob, wo es jetzt leicht verknittert keinen so rechten Staat mehr machte.

Was sollte Fischer tun? Den letzten echten Basler Chemiegiganten in ein Verkaufsgespräch verwickeln, um ihm Bakunins Gesammelte Werke anzudrehen?

Zum Glück flog da die Glastür krachend auf, und wie eine Windsbraut zischte der asketisch-athletische Architekt Hartung ins Innere der Buchhandlung.

»Otto!«

»Hans!«

Die beiden umarmten sich etwas gravitätisch, wobei Hartung, der einen ganzen Kopf kleiner als Von der Mühll war, an dessen jägergrüner Krawatte schnupperte. Der Architekt war eher sportlich gekleidet, jedenfalls trug er keinen Schlips.

»Tut mir leid, wenn ich mich verspätet habe, Otto. Die Chinesen wieder! Wollen wir in die Kunsthalle oder ins Les Trois Rois?«

»Was am nächsten liegt, ich hab nicht viel Zeit. In der Plastiktüte da sind übrigens die Bücher, von denen ich dir erzählt habe. Der Alte will seine Seelenergüsse auch in den Basler Buchhandlungen vertreten sehen. Du kannst das Zeug ruhig verschenken, wir haben noch genügend davon.«

»Und du machst seinen Laufburschen, Otto?«

»Komm jetzt!«

Die beiden verließen gemeinsam die Buchhandlung, ohne Fischer weiter zu beachten.

Der war nicht beleidigt. Schon klar, Hartung zeichnete Pläne für die Heuslerpharm, für noch mehr Hochhäuser. Bei ihrem Treffen ging es bestimmt um ein Geschäftsessen oder so, in dessen Rahmen alles Mögliche verhandelt wurde. Gerade und krumme Geschäfte. Fischer sah das klar. Wenn Karli Burckhardt noch leben würde, wäre er sicher auch zu den beiden gestoßen. Er stellte sich die drei vor, tafelnd im hochweiß aufgedeckten Teil des Restaurants Kunsthalle, wo eine grillierte Seezunge mit Salzkartoffeln und Spinat so viel kostete, wie Fischer wöchentlich für Rotwein ausgab. Und er mühte sich ehrlich, nicht den billigsten Fusel zu trinken.

Mit spitzen Fingern holte er eines der Bücher aus der Plastiktüte, die der Chemiegigant auf dem Stuhl liegen lassen hatte. Es müffelte, ja stank irgendwie. Er schlug das aufwendig aufgemachte Buchprodukt auf, es knirschte und knackte dabei in der Fadenbindung. Fischer blätterte. Gutes Papier, verdammt! Er las mehrere Sinnsprüche:

»Sei wie eine Tanne, um welche die Krähen kreischen wie deine Feinde. Wachse hoch in den Himmel, scheue dich nicht vor der Sonne. Verbrennen werden andere.«

Hopperla, da hatte sich einer was ausgedacht.

»Schieß schneller als du redest!«

»Ein frisches Hemd macht den neuen Menschen.«

Himmelarsch! Das waren die markigen Sprüche eines Industriekapitäns, eines Chefkapitalisten, eines Menschen, der Millionen von Franken im Jahr verdient hatte und für den der Wert einer grillierten Seezunge oder die Kosten für sieben Flaschen ordentlichen Rotweins ein absolutes Nichts, Null, Garnichts waren.

Angesichts dieser Selbstbewusstheit, ja dieser Selbstbesessenheit war sich Fischer völlig sicher, dass die Heuslerpharm nichts mit dem Tod von Carl Felix Burckhardt zu tun hatte.

FÜNF

Eine gute Woche nach dem Mord an Carl Felix Burckhardt entdeckte ein älteres Ehepaar, das dem Rat des Hausarztes zufolge gesünder leben sollte und sich daher mehr bewegen wollte, eine männliche Leiche im Bereich des Vita Parcours in der Nähe des Flüsschens Wiese, welches beim Basler Hafen in den Rhein mündet. Der Ehemann hatte nach einem mühsam dahingeschnauften halben Kilometer unbedingt eine Ruhepause gebraucht und war auf einen Baumstamm neben der Laufbahn gesunken. Dahinter hatte die nur notdürftig mit Zweigen und Laub bedeckte Leiche gelegen. Die eilig herbeigerufene Polizei hatte den in Sportklamotten gekleideten Toten bald identifiziert. Es war der 1961 in Basel geborene Hubert Hornfeld, der offensichtlich während des Joggens erstochen worden war, und zwar von hinten, mit einer langen, spitzen Waffe. Es gab keine Anzeichen eines Kampfes, der Tote war, so der verantwortliche Kriminalmediziner, in schönster Eintracht mit sich und der umgebenden Natur dagelegen, so, als ob er bloß nicht mehr aufrecht stehen wollte und sich daher in die horizontale Lage begeben habe. Jedenfalls sei das Opfer an Ort und Stelle ermordet worden und nur noch hinter den Baumstamm bewegt worden.

Das ältere Ehepaar gab der Polizei zu Protokoll, dass es sich nie wieder auf den Vita Parcours begäbe und lieber früh an Herzverfettung sterben wolle.

Kommissär Gsöllpointner hatte sich den Tatort genau angesehen. Der zweite Mord innert kürzester Zeit. Mein lieber Mann, das war ein Ding! Endlich einmal ein Fall. Nicht bloß diese Kindereien wie Überfälle in den frühen Morgenstunden, wenn Nachtschwärmer von meist jugendlichen Übeltätern verprügelt und ausgeraubt wurden.

Dieser Hornfeld sah ziemlich fit aus, sogar im Tode noch. Das war kein Mann, der sich ohne Gegenwehr während des Joggens abstechen ließ. Wie hatte man den so überraschen können, dass der Mord ohne Gegenwehr gelungen war? Und er hatte auf ziemlich genau dieselbe Art und Weise den Tod gefunden wie der Regierungsrat Burckhardt. Durfte man daraus schließen, dass es derselbe Mörder war?

Der Kommissär atmete tief durch. Nein, das durfte man nicht! Er war ja nicht auf der Brennsuppe dahergeschwommen, der Gsöllpointner Franz, jetzt war er gefordert. Er hatte ein geschultes kriminalistisches Auge und seine Nase.

Dass die beiden Morde auf dieselbe Art und Weise begangen worden waren, erweckte sein Misstrauen.

Burckhardt war in der Dunkelheit und im Schutze einer Metallskulptur zu Tode gebracht worden. Hubert Hornfeld hatte sich bei Tageslicht und unter freiem Himmel vom Leben verabschiedet. Der zweite Tote musste seinen Mörder gekannt haben. Die waren zusammen gelaufen, dann, bei einem Halt, war der Killer hinter Hornfeld getreten und hatte ihm mit voller Wucht dieses verdammte spitze Ding ins Herz gerammt. Das musste man sich mal vorstellen! Da steckte einiges dahinter. So brachte man einen nicht einfach um. Da waren große Emotionen im Spiel. Gsöllpointner rieb sich die unrasierten Wangen.

Sein Adlatus, der Wachtmeister Britzig, stolzierte im Gelände herum wie einer dieser fitten Polizisten aus dem Fernsehen. Jeans, Turnschuhe, Lederjacke, reichlich Bartschatten, eine hingeklatschte Frisur, die entstehende Geheimratsecken verdecken sollte. Plötzlich schrie er auf: »Hundescheiße!« Er hopste auf einem Bein herum, verlor das Gleichgewicht, stolperte, fing sich wieder und hüpfte nun am Fundort der Leiche herum. Wenig hätte gefehlt und Britzig wäre auf den Ermordeten gestürzt. Zuletzt saß er auf einem Baumstumpf und hielt anklagend seinen verschmutzten und stinkenden Sneaker in die Höhe. Falls es am Tatort überhaupt eine Spur oder einen Hinweis gegeben hatte, dann waren diese eben vom zuständigen Polizeiwachtmeister zerstört worden.

Bulle Roth schüttelte nur den Kopf. Man war hier in den Langen Erlen, im Naherholungsgebiet von

Basel. Und jede Bewohnerin und jeder Bewohner dieser Stadt, sogar er, Gsöllpointner, als Zugereister, wusste, dass die großzügige und wunderbare Naturanlage entlang des Flüsschens Wiese zugleich eines der größten Hundeklos unter der Sonne war.

Der Kommissär machte sich Notizen auf einem Stück Papier, das er in seiner Jackentasche gefunden hatte. Es war die Rechnung vom American-Style-Restaurant, in dem er mit Fischer zum Essen gewesen war. Fischer, genau, den musste er im Auge behalten. Der verschwieg ihm etwas bezüglich dieses Mendota, das war klar. Darüber hinaus musste er, Gsöllpointner, sich gleich das nähere Umfeld des hier Ermordeten genau ansehen. Auch wenn der Killer ein Nachahmungstäter war, grundlos stach er sicher nicht so aufwendig zu. Da gab es, jede Wette, Motive sondergleichen in der näheren Umgebung des Opfers. Vielleicht hatte der Tote aber auch freundschaftlichen Umgang mit psychopathischen Serienkillern oder Auftragsmördern gepflegt.

*

Vom neuesten Mordfall erfuhr Fischer in der kleinen Bar des Basler Literaturhauses. Dort war er öfter, weil er bei einem doppelten Espresso in Ruhe jede Menge Zeitungen lesen konnte. Die Dame des Hauses war stets ungewöhnlich gut informiert und wusste auch den Namen des Ermordeten, den die Medien nicht so einfach rausposaunen wollten. Hubert Hornfeld.

In Fischers Gehirn klingelte es, Erinnerungen wurden wach und rieben sich die Augen. Ein Mann dieses Namens war ihm nur zu gut bekannt. Sie hatten ihn manchmal »Hubsi« gerufen. Himmelarsch, wie der immer sauer geworden war, wenn man ihn so nannte. Auf »Hörni« reagierte er auch sehr gereizt. Und »Horny« war ganz und gar nicht opportun.

Das war in der zweiten Hälfte der 80er-Jahre gewesen, in dieser Wohngemeinschaft in der Nähe des Basler St.-Johanns-Tors. Fischer hatte nicht dort gewohnt, aber die schöne Jurastudentin Katharina Hammerschmidt, der er hoffnungsfroh nachgestiegen war. Schließlich war er tatsächlich öfter Gast gewesen im Schatten des Tores, in der Nähe des Rheinufers. Und Katharina wurde seine spätere Gattin. Sie hatten es lange gut gehabt, jetzt waren sie halt geschieden, kein Problem, die Kinder waren ja auch schon groß.

Fischer erinnerte sich noch wie am ersten Tag an das Zimmer von Katharina in dieser Wohngemeinschaft. Ein makelloser Raum, in dem alles an seinem Platz war, die Farben einander umarmten und die Schönheit und das Geheimnis herrschten. In Fischers Bude – damals ein Zimmer in einer linksradikalen Kommune in einer anderen Schweizer Stadt – waberte stetes Chaos, auf dem Palettenbett herrschte ein höllisches Durcheinander aus frischer und dreckiger Wäsche, auf allen Ablageflächen wucherten Bücher, Tonträger, leere und volle Flaschen, Papiere, Entwürfe, überall schossen himmelhohe Wünsche, Hoffnungen und Manifeste tiefster Niedergeschlagenheit ins Kraut.

Bei Katharina gab es keine Wucherungen, bei ihr war das Zimmer ein feines Gespinst aus Wünschen an die Zukunft, aber auch ein Manifest der Wirklichkeit einer selbstbewussten jungen Frau. Fischer traute sich zuerst fast nicht in diesen heiligen Raum hinein und versank dann umso glücklicher in wohlriechenden Kissen und Laken.

Hubert Hornfeld war der Gründervater dieser Wohngemeinschaft gewesen, die im Vergleich zu ähnlichen Einrichtungen dieser Jahre immer sehr gepflegt und aufgeräumt gewesen war. Hubsi war in jenen Jahren ein sinnesdurstiger Hippie und sehr spirituell. Politik war ihm immer ein Graus, erinnerte sich Fischer, der ein-, zweimal mit ihm über den bevorstehenden Zusammenbruch des real existierenden Sozialismus hatte diskutieren wollen, dies aber angesichts der übermächtigen Transzendenz in dieser Kommune schnell aufgegeben hatte. Außerdem war Hornfeld ziemlich autoritär gewesen, er wusste alles besser und starrte einen auf unverschämte Art und Weise traurig und mitleidig an, wenn man in seinen Augen Quatsch verzapfte.

Ein weiterer Bewohner der Kommune wurde allgemein nur »Goofy« genannt; er hieß mit richtigem Namen Ralph Schlatter. Mit dem hatte Fischer wenigstens über Fußball diskutieren können. Der lebte jetzt irgendwo in Thailand. Fischer wusste dies von Katharina, aber auch deshalb, weil der Mann auf allen sozialen Medien stets unqualifiziert dämliche Texte in der Welt herumschickte, stets signiert mit »Goofy Schlatter aus Hat Chao Mai«. Er war ein riesiger Fan des FC Basel und hatte zu allem und jedem eine Meinung, was den Club betraf. Diese tat er in allen möglichen Sportblogs und Internetkommentaren, die auch Fischer manchmal besuchte und las, gerne und in schlechtem Deutsch kund.

Egal, eines stand fest, Hubert Hornfeld war auf dieselbe Art ermordet worden wie der Regierungsrat. Was für ein Ding! Das bedeutete, dass es vielleicht einen Serienmörder gab. Unwillkürlich rieb sich Fischer die Hände. Wenn ja, dann war der sich auf der Flucht befindende Mendota gänzlich unschuldig.

Gute Nachrichten. Er bestellte ein Glas Gutedel und ließ den kühlen Weißen aus den Rebbergen nördlich der Grenze über die Zunge rollen. Das ließ sein Hirn endgültig lebendig werden, es war nicht mehr zu bändigen. Es dachte und spekulierte und brodelte und kochte hoch, es summte, brummte und schnalzte, die Synapsen schnappten. Was war im guten alten Basel nur los? Ging wirklich ein Serienkiller um? War ein Bewohner dieser Stadt ebenso wahnsinnig wie mordlustig geworden, eventuell angesichts der Wohnungsnot, der Steuerungerechtigkeit, der idiotischen Sparbestrebungen, der vielen aufgerissenen Straßen und der Perfidie der herrschenden Klassen? Hatte ein Bewohner Basels durchgedreht angesichts des Theaterprogramms, der ständigen Schließung von angesagten Partyclubs oder der Trainerwirren beim hiesigen Fußballverein? Oder ertrug jemand die sozialdämmerkratisch-liberal-grüne Sicherheitsordnung, dieses flauschige Saturiertenparadies in dieser Stadt nicht mehr? Wer stach da zu? Wer war das nächste Opfer? Warum waren gerade diese beiden Menschen umgebracht worden? Gab es einen Zusammenhang zwischen den Toten?

Eigentlich hätte Fischer nun einen Schnaps gebraucht, aber er dachte an Maria und das Gelübde, das er abgelegt hatte. Nie vor 18 Uhr. Das besänftigte, nein, stellte sein aufgebrachtes Hirn ruhig. Es knackte da oben nur noch ein bisschen wie ein abgewürgter Motor, der langsam abkühlte. Die ganze Geschichte ging ihn ja praktisch nichts an. Abgesehen davon, dass Bulle Roth wegen der jähen beruflichen Belastung möglicherweise längere Zeit nicht mehr zum Mittwochsfußball kommen können würde. Das war nun wirklich schade, Fischer bedauerte den armen Polizisten zutiefst. Er trank sein Mokkatässchen leer, steckte die Zeitung zurück in den Metallständer und verabschiedete sich höflich. Er wollte nach Hause, über den Rhein vom großen ins kleine Basel, sein Futon rief. Er schob sich und sein Fahrrad den Münsterberg hoch und an der Kathedrale vorbei.

Jedes Mal, wenn er am prächtigen Basler Münster vorbeiging, staunte er und wunderte sich über diese grandiose Manifestation von menschlichem Geist und Können, und es kamen Fragen in ihm hoch. Wer hatte dieses gewaltige sakrale Gebäude schlussendlich hingestellt? Wie viele Menschen waren beteiligt gewesen an dieser Konstruktion, an der an die 700 Jahre lang gebaut worden war, bis im Jahre 1500 der Münsterbau offiziell beendet war? Was hatte sie dazu getrieben, war es Pflicht und Zwang gewesen, so etwas hinzustellen? Oder war es um ehrliche, bezahlte Arbeit gegangen? Oder etwas anderes? Glauben? Das war doch der absolute Wahnsinn, mit der damaligen Technologie so ein Wunder hinzustellen, in einer Zeit, in der man als einfacher Arbeiter, Steinmetz, Zimmermann in Dreck und Elend lebte.

Fischer dachte in letzter Zeit immer öfter an die Vergangenheit. War das eine Alterserscheinung? Nebulöse Nostalgie? Eine andere Zeit, eine andere Welt war das gewesen. Nicht zu vergleichen mit dem Heute, diesem nach oben offenen Trichter, in dem alles immer schneller verschwand.

*

Der junge Mann schabte sich die letzten Stoppeln vom nun gänzlich kahlen Schädel. Da geschah es, dass er zu fest drückte, und es blühte in der bleichen Kopfhaut plötzlich blutrot auf. Der Schnitt war nicht lang, schien kein Problem zu sein. Flink riss der junge Mann Toilettenpapier ab und klebte ein Fitzelchen auf die Wunde. Doch es blutete ganz ordentlich. Ein wunderbares Rot erschien auf dem weißen, flauschigen Papier. Der junge Mann nahm ein größeres Stück und drückte es fest auf seinen Kopf. Das dritte Stück Toilettenpapier blieb endlich kleben und stoppte auch die Blutung.

Anschließend zupfte der junge Mann an seinem Vollbart und prüfte kritisch die Länge. Nein, der war noch zu kurz, um ihn färben zu können. Er musste vorsichtig sein, er durfte es keinesfalls übertreiben. So wie er aussah, war es vorderhand gut. Er kannte sich kaum selber, wie er sich da aus dem Spiegel entgegenblickte.

Er fuhr sich über den kahlen Schädel und streifte dabei den Fetzen Klopapier weg. Gleich wölbte sich dort ein Tropfen Blut und rann Richtung Stirn. Der junge Mann atmete tief durch. Er hatte es getan. Es war vollbracht. Niemand hatte ihn dabei gesehen, davon war er überzeugt, aber nur Narren waren sich zu sicher. Er wusch sich die Hände und wischte das bisschen Blut von seiner Stirn. Dann drückte er ein neues Stück Toilettenpapier auf den Schnitt an seinem Kopf. Er ging aus dem Bad in die Küche, holte einen

Energydrink aus dem Kühlschrank und setzte sich an den Tisch. Aus den Taschen seiner Militärhose wühlte er sein Handy und wählte eine Nummer in Frankreich, aber niemand nahm ab. Ärgerlich starrte er aufs Display und kratzte sich wieder am Kopf, diesmal ohne das blutstillende Toilettenpapier wegzureißen.

Plötzlich begann er zu zittern. Er hatte es tatsächlich getan. Er war stolz auf sich, dass er es geschafft hatte, aber zugleich schlugen seine Zähne in einem wütenden Rhythmus aufeinander. Nie hätte er gedacht, dass er es eines Tages tun würde. Schluss machen, fertig aus! Er hielt sich an der Tischplatte fest, und das Schlottern ließ langsam nach. Nachdem er sich wieder gefangen hatte, machte er mit dem Smartphone ein Foto von sich und schickte es zusammen mit zwei, drei kurzen Sätzen an die Nummer in Frankreich, die er vorhin nicht erreicht hatte.

Anschließend packte er sein herumliegendes Zeug in eine Sporttasche, schlüpfte in einen Kapuzenpullover, setzte die Kopfhörer auf und verließ das Haus, das in einem gutbürgerlichen Basler Quartier lag. Bevor er auf die Straße trat, stülpte er die Kapuze über sein jämmerlich geschorenes Haupt. In seinen Gehörgang donnerte der unwiderstehlich rumpelnde Rhythmus des Songs »Question of Keks« von den Corruptible Creeps. Sogleich begann er zu traben, lief gleichmäßig ruhige Straßen entlang, quer durch einen großen Park mit wunderbaren Bäumen, auf dessen Rundweg junge Frauen ihre Kinderwägen schoben und Fitnesssüchtige in bunten Dresses ihre Joggingkilometer abarbeiteten.

Der junge Mann querte den Park, rammte einen der Jogger versehentlich vom Asphalt, der ins Gebüsch fiel, und sah zu, dass er aus dem Park herauskam. Er betrat die Straße, die sich sanft abwärts neigte, immer Richtung Norden, eilte am berühmten Basler Spalentor vorbei, weiter, weiter, bis hinunter zum träge fließenden Rhein. Er überquerte den Fluss über die Johanniterbrücke, die drittälteste Rheinbrücke Basels, und verschwand umtost vom Autoverkehr zwischen den engen Häuserzeilen von Kleinbasel.

»Der Beleidigte schlägt eines Tages zurück. Es ist eine Frage von Keks, ob du dich traust. Ob du deine sieben Semmeln da oben zusammenhast. Es ist alles eine Frage, ob du was im Keks hast, ob du dich traust, ob du es zu Ende bringst«, dröhnte dem jungen Mann der Sprechgesang der Corruptible Creeps immer wieder ins Ohr.

SECHS

Die Natur erschien Fischer dieses Jahr einigermaßen aufdringlich, wenn er einen kleinen Spaziergang durch die Häuserschluchten des rechtsrheinischen Stadtteils machte. Seit dem Frühjahr waren vorwitzige grüne Blätter durch Spalten im Asphalt gestoßen, sattgrünes Moos hatte Steine besetzt, der Spitzahorn nutzte jeden noch so kleinen Vorgarten, um sich dort als zukünftiger Laubwald anzusiedeln. In ein paar südlich exponierten Gärten streckte gar der Bananenbaum seine großen Blätter. Die blaue Blume der Romantik überwucherte ganze Straßenzüge, und die Blumen auf dem Bier aus kleinen, innovativen Basler Brauereien blühten in den angesagten Bars. Es wuchs und grünte und spross an allen Ecken und Enden von Kleinbasel.

Als wenn das nicht schon genug gewesen wäre, standen nun »Urban Gardening« und »Urban Farming« als aktuelle Stichworte auf der Agenda einer haltlosen Generation, der die wirklich großen Geistesentwürfe fehlten. Boys und Girls, die in Langeweile erstickt worden waren und – hey, Alter, cool! – mit windelweichem Gebaren wie veganem Essen ihrer Existenz ein bisschen Sinn geben wollten. Früher, Fischer erinnerte sich genau, war man aufs Land gezogen, hatte einen maroden Bauernhof gemietet und sich an den zu niedrigen Türbalken ständig den Kopf angestoßen. Man hatte versucht, Kartoffeln zwischen den Hanfstauden anzubauen und ein paar Schafe zu halten, bevor diese endgültig schwindsüchtig wurden. Das alles im Zeichen einer Autarkie und Autonomie, um ein richtiges Leben im falschen führen zu können. Das Scheitern war oftmals vorprogrammiert, aber man nahm es hin mit Würde. Denn schließlich bereicherte das Scheitern den emotionalen Haushalt, und nur durch das Scheitern lernte man.

Jetzt versuchte diese haltlos bärtige, konfliktscheue Generation, das Land in die Stadt und die Natur in die Kultur zu holen. Das war nicht nur ein bisschen zu einfach, sondern auch ein verhängnisvoller Fehler. Denn die grüne Hölle lauerte längst am Rande der Zivilisation. Hinter dem Zaun war immer die Wildnis. Die Natur war gnadenlos, sie war nicht verständnisvoller Partner, sie war vielmehr erbitterter Gegner des Menschen. Die Pflanzen übernahmen nach dem allzu kurzen wasserarmen Sommer schon wieder die Macht. Die grüne Wildnis wuchs himmelhoch an. Man musste die Biomasse streng in Schach halten, seitdem es die Sonne nicht mehr tat.

Fischer sah besorgt aus dem Fenster in den Hinterhof des Hauses an der Mörsbergerstraße. Hier wucherte es auch, moosiges Geflecht überzog Steinplatten, zähes Gras schoss auf, Sträucher schickten sich an, Gebüsch zu werden, aber das war nicht unbedingt das, was hier wuchern sollte. An der Hausmauer hingen als Gegenprogramm Töpfe und Tüten, gefüllt mit Erde, in denen Kräuter und Blumen angesät worden waren, die nun um Sonne und Wasser rangen. In Tonnen und Kästen vegetierten kränkliche Tomatenpflanzen vor sich hin. Die dünnen Stängelchen von Sonnenblumen waren umgeknickt, weil sie im Bestreben nach Licht viel zu weit aus dem schattigen Hinterhof hochgeschossen waren.

Die Bewohner des Erdgeschosses waren eine Wohngemeinschaft um zwei Enkelkinder der Hausbesitzerin, die sich ihre wohlondulierte Frisur über den Verhau im Hintergarten zerrauft hätte.

Ach du fehlgeleitete Jugend. Seufzend wandte Fischer sich ab, als der Festanschluss klingelte. Er nahm ab und war etwas erstaunt, die sonore Stimme von Bulle Roth zu hören.

»Hör mal, Fischer, du hast doch sicher von diesem zweiten Mord in den Langen Erlen gehört. Dieses Delikt scheint genau gleich abgelaufen zu sein wie die Tötung des Regierungsrats. Du bist doch literarisch gebildet, oder? Gibt es irgendein Vorbild für diese Art des Mordes in der einschlägigen Literatur? Tötung durch einen langen spitzen Gegenstand! Wenn du was weißt, wäre das nützlich für unsere Nachforschungen, ein Hinweis von wegen Nachahmungstäter und so.«

Fischer musste nicht lange überlegen. Friedrich Glauser, genau, der hatte das im Repertoire. Von dem gab es einen Roman mit dem Titel »Die Speiche« oder auch »Krock & Co.«, in dem eine angespitzte Fahrradspeiche mit einem stabilen Holzgriff zur tödlichen Waffe wurde. Fischer hatte sich bei der Lektüre des Originaltextes immer gefragt, warum denn die Speiche schlussendlich im Opfer stecken geblieben war, ohne den Holzgriff, der ja doch laut Text sehr sorgfältig aufgeschraubt gewesen war.

Bei den beiden Basler Morden jedoch war keine Mordwaffe in den Leichen zurückgeblieben. Aber wieso fragte Bulle Roth ihn überhaupt so etwas, das war doch mitnichten sachdienlich. Mord nach literarischem Vorbild. Blödsinn! Ha, Bulle Roth war perfide. Sie waren hinter Mendota her, dem wahrscheinlichen Liebhaber der Witwe Burckhardt. Und der war nun mal eine literarisch gebildete Person.

»Du willst dir über die Tatwaffe einen Verdächtigen für die beiden Morde zusammenschustern, Bulle, gib es zu. Mit Mendota als Täter! Deswegen hast du mich nach ihm ausgefragt. Der kennt diese Geschichte mit der spitzen Speiche sicher auch. Da seid ihr ermittlungstechnisch aber ganz schön auf dem Holzweg, das weißt du ja.«

»Ach ja, meinst du?«

Fischer regte sich auf. Was für ein Holz war der Bulle Roth eigentlich? Kapierte der denn gar nichts? Der Man in Black konnte gar nicht der Mörder sein.

»Ja logisch, Franz, denk doch einmal nach. Wenn Mendota auf der Flucht ist, dann hat er doch Hubsi, also Hörni Hornfeld, gar nicht abmurksen können.«

»Woher weißt du denn, dass dieser Mendota abgängig ist?«

»Hab ich so gehört, weil ihn keiner mehr gesehen hat, weil, na ja …« Fischer stotterte ein bisschen. Da hatte ihn der Bulle dran gekriegt.

»Und was sagst du da für komische Namen wie Hubsi und so? Sag mal, Fischer, kennst du den Toten etwa?«

»Na ja, von früher!«

»Was von früher? Herrschaftszeiten, jetzt sag doch mal!«

»Reg dich ab, Bulle. In der Wohngemeinschaft, in der meine Exfrau gewohnt hat, in den späten 1980er-Jahren, da hat auch Hubert Hornfeld gewohnt. Ein äußerst unangenehmer Typ übrigens.«

Es war ein paar Sekunden lang still auf der anderen Seite der Leitung. Fischer kam es so vor, als ob er das rhythmische Pulsieren von Bulle Roths Halsschlagader hören würde. Dann ertönte ein lauter Schnaufer.

»Was weißt du sonst noch über diesen Hornfeld, mein lieber Herr Fischer?«

»Nichts Genaueres. Frag Katharina, meine Ex, also Katharina Hammerschmidt, Anwältin bei Kramer, Teuscher und Co.«

»Ah, die Herrschaften Boandlkramer und Rosstäuscher und Co. So, so, das ist ja eine gute Adresse. Und das ist deine Exfrau, sagst du. Danke dir für die Auskunft, Fischer.« Der Kommissär beendete das Telefongespräch.

Ja, das ist meine Exfrau, äffte Fischer den Kommissär in Gedanken nach. Er schaute wieder in den Hinterhof. Das war nun wirklich kein Trost. Unkraut muss man jäten, es lässt sich nicht wegbeten. Aber für ihn war das nichts mehr, diese Gärtnerei, sein Rücken erlaubte das nicht. Das gute alte Kreuz machte nicht länger mit. Er hatte große Lust, sich wieder hinzulegen. Dieses Ungemach, das er aufziehen spürte, über sich hinwegrauschen lassen, während er dalag, geschützt von einem flauschigen Duvet. Oder alles einfach zu überschlafen. Er fühlte doch das Gewitter, er hörte ein fernes Grollen. Blitzschwangere Wolken und Stürme bauten sich auf. Er stand mittendrin. Mit seiner Ruhe war es vorbei. Definitiv.

Eine knappe Stunde später hatte Fischer seine Exfrau Katharina an der Strippe. Sie klang nicht sehr amüsiert. Die Polizei habe sie angerufen wegen Hubert Hornfeld. Fischer hatte sowieso das Gefühl, dass er der Frau Anwältin als permanenter Sozialverlierer immer peinlicher wurde. Deswegen, so dachte er jedenfalls, sah er seine Kinder auch nicht mehr so oft.

»Weißt du, Fischer, wer mein Nachfolger in dieser Wohngemeinschaft am St.-Johanns-Tor wurde, nachdem ich ausgezogen war, um mit dir eine Familie zu gründen? Das war niemand anderes als der tote Karli Burckhardt.«

Fischer schnappte nach Luft und gab einen merkwürdigen Laut von sich.

Katharina redete ungerührt weiter: »Die Ermittlungsbehörde war entzückt über diese Insiderinformation. Hast du eigentlich damals mitbekommen, was in dieser Wohngemeinschaft los war? Hörni und seine Freundin auf diesem Guru-Trip, Swami Baba irgendwas. Die wollten sogar eine Art Stützpunkt oder Ashram in Basel gründen. Kannst du dich an Goofy erinnern, dem alles egal war, solange er eine geheizte Wohnung für seinen Arsch hatte? Wenn mich nicht alles täuscht, dann gehörte Karli Burckhardts Familie sogar das Haus. Interessante Konstellation, oder? Swami Sri Baba, genau, so hieß der Guru, den Hörni und seine Freundin verehrten. Die waren wegen dem sogar in Indien und haben sich dort wohl die endgültige Erleuchtung geholt. Der Polizist, der mich angerufen hat, bezog sich übrigens auf dich. Ein gewisser Geröllheimer oder so, kennst du den?«

»Der Mann heißt kurz und einfach Bulle Roth, Katharina, aber was haben wir denn mit all dem zu tun?« Fischer klang ein bisschen wehleidig. Die Erinnerungen setzten ihm zu. Damals war er jung, romantisch und frei von Rückenschmerzen gewesen. Aber hatte es in dieser Wohngemeinschaft wirklich eine Frau gegeben, die zu diesem Unsympathen Hornfeld gehörte?

Seine Exfrau riss ihn aus seinen Überlegungen. Ihre Stimme war schrill. »Hör mal, Fischer, ich kann das überhaupt nicht gebrauchen, in so eine merkwürdige Geschichte hineingezogen zu werden. Das habe ich auch diesem Kommissär Gsöllsedelmayer gesagt. Ich weiß ja, dass du nur zu gerne den Discountdetektiv spielst, aber versuch doch, mich aus der Sache rauszuhalten.«

Fischer war empört. Discountdetektiv. So bezeichnete ihn diese überhebliche Schnepfe in ihrer Anwaltslatrine also, umgeben von Arschgeigen und Leisetretern. Damit hatte Katharina es geschafft, dass er sich endgültig näher mit diesem rätselhaften Geschehen befassen und seinen Kopf hinaus ins Gewitter stecken wollte.

Hörnis Freundin damals? Doch, da war jemand gewesen, eine blasse Blondine namens Doris. Oder hieß sie Susanne? Vielleicht auch Monika. Oder Sabine. Fischer konnte sich nicht wirklich an den Namen erinnern. Das war ja auch alles so lange her. Dann fiel ihm doch noch ein Abendessen ein, zu dem er als Verehrer von Katharina einst in jener Wohngemeinschaft eingeladen gewesen war. Es gab Reis mit irgendetwas. Oder irgendetwas mit Reis. Ziemlich pampig. Dazu ein paar Blättchen Grün, die knirschten, wenn man darauf herumkaute, weil sie offensichtlich ungewaschen gesünder waren. Wer dieses frugale Mahl gekocht hatte, wusste Fischer nicht mehr. Aber er erinnerte sich an die Begleitumstände. Dieser Hornfeld war ein überlegter Esser gewesen, einer, der sehr langsam kaute, aufwändig schluckte und beifallheischend in die Runde sah, wenn er wieder ein Bröckchen in den Magen gebracht hatte. Fischer war das wahnsinnig auf den Wecker gegangen, dieses bewusste Getue. Auch Katharina hatte die Augen verdreht, jene Susanne, Monika oder Sabine hingegen war nur dagesessen und hatte den Kopf über den Teller gesenkt gehalten. Goofy Schlatter hatte das Futter einfach in sich hineingeschaufelt und ab und zu leise gekichert. Fischer hatte damals das Gefühl gehabt, dass der Mann stark unter Drogen stand. Vielleicht hätte er diesen Goofy fragen sollen, ob er eine Portion von seinen Mittelchen abkriege, möglichst etwas Starkes, um das Essen zu überstehen. So aber war gekaut und verdaut worden, ohne vernünftiges Gespräch und vor allem ohne Alkoholika. Das war das Schlimmste gewesen, es hatte nur Leitungswasser und Holundersirup gegeben. Fischer war der Angstschweiß auf der Stirn gestanden. Ein kleines Bier nur, ein ganz kleines. Ein Gläschen Rotwein, auch wenn es der allerbilligste Tropfen aus südfranzösischer Autobahnlage war. Einen Schluck verschnittenen Weißwein aus einem riesigen Stahltank in Gumpoldskirchen. Vergorene Stutenmilch! Hustensirup auf Kodeinbasis! Rasierwasser! Irgendetwas mit Alkohol. Hilfe!

Kurz nachdem alle ihre Reispampe vom Teller gekratzt hatten und in jeder Beziehung satt waren, hatte Hornfeld irritierend zu summen angefangen. Fischer war es zuerst nicht gelungen, die Geräuschquelle zu lokalisieren, und er war ratlos dagesessen.

Dann hatte er Katharinas Hand auf seinem Oberschenkel gespürt und sie waren kommentarlos ins Zimmer der Geliebten abgezogen, bevor das Summen immer lauter und dringlicher wurde.

Es konnte kein Zufall sein, dass zwei ehemalige Wohngenossen nun Opfer des wahrscheinlich selben Mörders geworden waren. Gab es unter den ehemaligen Bewohnerinnen und Bewohnern der Wohngemeinschaft etwa Animositäten, die bis heute nachwirkten? Das konnte sich Fischer gut vorstellen. Dieser Hornfeld war ein Oberpfosten gewesen. Aber er konnte sich nicht daran erinnern, dass Hörni damals als Guru herumgeschwebt war. Es wäre jedoch durchaus möglich. Fischer selbst war es immer so vorgekommen, dass er zuerst durchs Fegefeuer gemusst hatte, um ins Paradies zu gelangen. Er hatte immer nur Augen für Katharina gehabt und zugesehen, dass er so schnell wie möglich mit ihr in ihr Zimmer kam. Hare rama, hare hare, Swami Dingsda, hare rama!

Fischer stieg in den Hinterhof und klaute ein paar Blätter von dem herbstlich blassen, stark ins Gelbliche changierenden Basilikum, der in einem Blumenkistchen vor sich hin litt. Discountdetektiv, was war denn das für eine Bezeichnung? Gut, er hatte vor knapp zwei Jahren zuletzt eins auf die Nase bekommen, als er wegen einer Familiengeschichte ziemlich leichtsinnig herumermittelt hatte, aber er war schlussendlich trotz Krankenhausaufenthalts sehr erfolgreich gewesen.

Vielleicht meldete sich Mendota demnächst aus seinem Exil. Fischer würde ihn vor Gsöllpointner und seinen Spezis warnen. So weit würde er sich einmischen, Punktum!

Als Maria spätabends von einer weiteren Parteisitzung nach Hause kam, freute sie sich, dass Fischer eine schöne Caprese vorbereitet hatte. Sie gabelte sorgfältig die unansehnlichen Basilikumblättchen von den Tomaten und vom Mozzarella und biss kräftig ins Olivenbrot. Selbstverständlich kam das Gespräch schnell auf den neuesten Hingemeuchelten in der sonst so ruhigen Stadt Basel. Fischer erzählte, dass er den zweiten Ermordeten gekannt hatte.

Maria sah nur kurz auf und aß weiter.

»Ja, der hieß Hubert Hornfeld und wohnte in einer Wohngemeinschaft, in der ich verkehrt bin, und stell dir vor, der Karli Burckhardt hat dort auch gewohnt. Später, als Nachfolger von, na ja …« Mehr sagte Fischer lieber nicht.

Seine Geliebte sah ihn länger an: »Blödsinn!«

»Nein, echt wahr. Das ist doch merkwürdig, dass die beiden Erstochenen einmal zusammengewohnt haben.«

Maria hörte kurz zu essen auf und dachte nach: »Zufall!«

Fischer wollte nicht weiter insistieren. Er erwähnte noch kurz, dass dieser Hornfeld als Anhänger eines indischen Gurus unterwegs gewesen war.

Maria entspannte sich. Hornfeld, der zweite Tote, war ihr gänzlich egal, der war nicht in der Sozialdemokratischen Partei gewesen. »Ich hab dir doch prophezeit, Fischer, dass da ein Irrer umgeht. Schon haben wir Leiche Nummer zwei. Stell dir vor, wenn das so weitergeht. Jetzt wird es Zeit, dass die Behörden ein bisschen auf Zack kommen. Kein Wunder, dass es so gekommen ist, schließlich ist der Vorsteher des Polizei- und Justizdepartements ein Freisinniger. Unfähig also!«

Maria schnabulierte und erzählte noch ein bisschen von der mühseligen Parteisitzung und den Herren der Schöpfung dort, die ihre Pfründe verteidigten und gegen eine Frau als Nachfolgerin von Karli waren. Sie tunkte das Öl der Caprese mit einem Rest Olivenbrot auf und meinte dann ganz nebenher mit einem verschmitzten Lächeln, dass es doch noch einen Entschluss gegeben habe und bald eine valable Nachfolgerin für Carl Felix Burckhardt bereitstünde.

Fischer erschrak kurz. »Aber doch nicht du, oder?«

»Dummerchen«, lachte Maria, aber die Fröhlichkeit erreichte ihre Augen nicht. Mit hungrigem Blick kaute sie genüsslich auf dem Stück Brot herum.

Des Abends spazierten die beiden in Richtung Rheinufer. Es würde wohl zu einem Schlummertrunk in einer angesagten Bar kommen. Die Frage war nur, wo, denn es gab mittlerweile ja sehr viele. Es war nicht mehr so kühl wie in den letzten Tagen. Die Sonne schaute regelmäßig am späteren Nachmittag in Basel vorbei, und auch der Rhein glitzerte verführerisch.

Fischer roch es, gleich nachdem sie die Bärenfelserstraße überquert hatten. Am Fluss unten wurde gegrillt, an der Rheinpromenade waren immer noch Menschen dabei, mit Wegwerfgrills, Aluminiumfolien und ähnlichen Hilfsmitteln ihr Freiluftwürstchen zu braten. In Fischers Nase tobte ein Geruch nach Verbranntem, Holzkohle, Chemikalien und wohl auch Fleisch.

Eines der neuesten Mysterien der Menschheit war das Grillen. Oder Grillieren, wie es hierzulande hieß. Gutes Fleisch zu Steinkohle zu verbrennen oder, war man vegetarisch oder gar vegan orientiert, gutes Gemüse zu Steinkohle zu verbrennen.

Vor ein paar Wochen, im Hochsommer, hatte Fischer einem der jungen Leute im Parterre ihres Wohnhauses quasi das Leben gerettet, als dieser seinem mickrigen Grillfeuer mit Brandbeschleuniger auf die Sprünge helfen wollte. Mit der Flasche über der mottenden Holzkohle hatte sich der Ahnungslose gebeugt und wollte gerade das hochentzündbare Gemisch auf die schlappe Glut spritzen. Fischer hatte vom Balkon losgebrüllt, er solle das sofort unterlassen. So war der Anfänger statt mit schweren mit ein paar leichteren, wenn auch schmerzhaften Verbrennungen davongekommen, weil er vor lauter Schreck über Fischers Gejaule zwar den Brandbeschleuniger in die Holzkohle hatte fallen lassen, aber noch rechtzeitig zur Seite gesprungen war, sodass ihn die darauffolgende Napalmexplosion nur partiell erwischte.

Feuer machen. Der uralte Wunsch der Menschheit. Aber das musste man können. Das musste man gelernt haben. Fischer war nie bei den Pfadfindern gewesen, aber ein ordentliches Feuer brachte er mit trockenem Holz und ohne chemische Hilfsmittel jederzeit hin. Er hatte ja auch geübt als Junge. Was für eine Faszination, so ein Feuer. Wie das fraß und flammte und wie das faszinierend und gefährlich war. Und scheinbar, nur scheinbar, im Dienste des Menschen stand. Ein reiner Nervenkitzel. Wo hatte Fischer früher nicht überall gezündelt, passiert war zum Glück nie etwas dabei. So bescheiden war die Jugend in ihrer Freizeitgestaltung damals gewesen.

Mit den Jahren war das Grillen für Fischer ein Dorn im Auge, eine Brandblase auf der Seele geworden. Er hatte beispielsweise jahrelang seine sozialdemokratische Nachbarschaft verdächtigt, dass diese die liegengebliebene Parteipropaganda auf Hochglanzpapier beim Grillanheizen verbrennen würde. Dermaßen hatte es jeweils gestunken, bevor das widerlich rote Straußenfleisch auf den Rost gekommen war. Dann war er zu Grillpartys auf Balkons eingeladen gewesen, bei denen die Dame des Hauses einen Nervenzusammenbruch bekommen hatte, weil das Feuer einfach keine schöne Glut geben wollte. Seine Ratschläge waren stets ignoriert worden, dass ein Holzkohlefeuer seine Zeit brauchen würde, das hatte nie jemand einsehen wollen. Die menschliche Ungeduld. Die Folge von zu viel aufrechtem Stehen, zweifelsohne. Der schädliche Hyperaktivismus des Homo sapiens.

Fischer verstand diese Leute nicht. Da wohnten sie in einer der schöneren Städte Europas und alles, was sie als urbane Menschen wollten, war freie Natur und ein offenes Feuer beziehungsweise einen Grill. Warum wohnten diese Pfosten eigentlich in der Stadt? Und nicht in der Steinzeit?

Fischer versuchte schnell, aus dem Areal der Grillenden herauszukommen, und zog Maria mit sich fort. Trotz der Eile spürte er genau, dass die Stimmung am Rheinufer bedrückt und im Gegensatz zum Himmel bedeckt war. Die Leute unterhielten sich gedämpft, auch wenn ihre provisorischen Grills die rheinwasserschwangere Luft verpesteten wie üblich. Es schien, als läge allen diesen Menschen etwas schwer auf der Seele. Fischer dachte gleich, dass ihnen der mysteriöse Basler Doppelmord an die Nieren ging. Als hätten alle ein bisschen Angst, dass der Killer zu späterer Stunde an ihrem Grill vorbeikäme und sie drankriegte mit diesem extrem langen, dünnen und scharfen Fleischmesser, das jetzt harmlos neben den Kalbsbratwürsten lag. Offensichtlich war Marias Meinung, dass es sich um einen irren Serienkiller handelte, weit verbreitet in der Stadt. In diesem Fall, so dachte Fischer nicht unvergnügt, war immerhin damit zu rechnen, dass in Zukunft weniger öffentlich grilliert wurde.

SIEBEN

Dem Mann, der am Gepäcklaufband des Flughafens Basel-Freiburg-Mulhouse wartete, schien es nicht gut zu gehen. Er stand ziemlich schräg da und wischte sich ständig mit einem Taschentuch über das Gesicht und die Glatze. Der Mann war einigermaßen sonnengebräunt, aber sein Gesicht war grau, rote Flecken prangten auf seinen Wangen, über die der Schweiß feuchte Bahnen zog. Der Mann zerrte am Kragen um seinen faltigen Hals, steckte das Taschentuch wieder ein und holte ein neues aus der anderen Hosentasche. Schließlich kramte er ein Handy aus dem Sakko, schob die Brille auf die Stirn und starrte angestrengt auf die Anzeige. Achselzuckend steckte er das Telefon zurück in die Seitentasche und schwankte plötzlich stark. Er lehnte seinen schmalen Körper an eine Säule und hatte danach auf seinem zerbeulten grauen Leinenanzug einen weißen Fleck vom Mauerwerk.

Als sein Koffer daherglitt, schaffte der Mann es nicht, ihn vom Band zu heben. Ein kräftig gebauter Jüngling musste ihm dabei helfen und hievte das offensichtlich sehr schwere Stück auf einen Gepäckwagen des Flughafens. Lachend fragte der junge Mann, ob Waffen in dem Koffer wären, aber der schwitzende Alte verzog keine Miene und drehte sich nach einem kurzen Dankeschön weg. Keuchend, mit kleinen Schritten begann er zu schieben. Immer wieder blieb er stehen und wischte sich über das Gesicht. Dann holte er ein Tablettenröhrchen aus der Hosentasche und schluckte zwei Pillen. Vor dem Flughafen winkte er einem Taxifahrer, der ihm unter ziemlichen Anstrengungen mit dem Koffer half. Sie fuhren den kurzen Weg in die Stadt Basel, am Flughafencasino vorbei, entlang am Kannenfeldpark und schließlich den St.-Johanns-Ring hinunter zum Rhein. Das Taxi hielt in der Nähe des mittelalterlichen Tores, ziemlich genau dort, wo ein weltberühmtes Architektenpaar seine Büros und Ateliers hatte.

Der Mann zahlte, stieg aus und sah sich aufmerksam um. Der Taxifahrer hievte das schwere Gepäck laut fluchend aus dem Kofferraum, stellte es auf den Gehsteig und fuhr grußlos davon. Der Mann starrte wieder auf sein Handy und wischte sich den Schweiß ab. Endlich leuchtete eine SMS auf: »Ich bin unterwegs. Zehn Minuten.«

Der Mann seufzte und steckte sein Telefon ins Sakko. Er drehte sich Richtung Rhein, der nur wenige Meter entfernt floss, und meinte, das Wasser riechen zu können. Dann schob er den Koffer ein paar Meter weiter, wo ein Grünstreifen begann, und setzte sich auf sein Gepäck. Kurz darauf hielt ein kleines japanisches Auto neben ihm, an dessen Steuer eine Frau saß. Sie stieg aus und ließ sich steif links und rechts auf die Wange küssen. Schweizer Brauchtum waren drei Schmatzer, doch der Mann schien sich nicht daran zu erinnern. So stand die Frau noch etwas vorgereckt da, während der Typ schon wieder sein Taschentuch hervorholte und sich den Schädel damit trocknete. Die Frau war in besonderem Maße unscheinbar, es gab an ihr nichts, was speziell war, das einem im Gedächtnis bleiben würde. Sie mochte früher einmal hübsch gewesen sein, aber nicht auf eine besonders auffallende Art. Jetzt war sie wohl sportlich, hatte kurze graue Haare, doch sie erschien wie ein verblasstes Foto, das man gleich nach dem Ansehen vergaß und nicht mehr beschreiben konnte.

Mit ihrer Hilfe verstaute der Schwitzende den schweren Koffer auf dem Rücksitz und stieg danach vorne ein. Der Honda legte einen Kavalierstart hin, fuhr einen U-Turn über alle durchgezogenen Linien sowie die Straßenbahngeleise und beschleunigte den St.-Johanns-Ring hoch.

»Du hast ein absolut schlechtes Timing, Goofy, jetzt nach Basel zu kommen«, sagte die Frau, nachdem sie vor einer roten Ampel scharf abgebremst hatte und ihr Beifahrer fast in die Windschutzscheibe gekracht war.

»Verdammt, Hubert hat mir gemailt, dass ich so schnell wie möglich herkommen soll. Damit wir alles klarmachen und ausdiskutieren, du weißt schon. Kaum habe ich mir eine Flugkarte gekauft, lese ich im Internet, dass Karli abgemurkst worden ist. Am liebsten hätte ich den Flug storniert und wäre in Thailand geblieben. Hubert hat gar nicht mehr reagiert, als ich ihn nach Karlis Tod gefragt habe. Wo ist er denn? Der ist überhaupt nicht mehr an sein Handy gegangen oder es war immer abgeschaltet. Ich hab ja Glück gehabt, dass ich dich erreicht habe, damit mich jemand vom Flughafen abholt. Was ist denn eigentlich los mit dir? Und mit … du weißt schon?« Goofy wischte sich den Schweiß ab und ächzte mit offensichtlich letzter Kraft: »Und mit Hubert?«

Die Frau trat kräftig aufs Gas, und der Kleinwagen schoss über die Kreuzung. »Ich dachte, du wüsstest das schon, Goofy, aber Hubert ist auch tot.«

»Du verarschst mich, oder?« Der Mann war noch blasser geworden, und die roten Flecken brannten in seinem Gesicht.

»Nein, Hubert ist erstochen worden – so wie Karli.«

»Himmelarsch!« Mehr brachte der Blasse nicht hervor und wischte sich erneut den Schädel. Dann holte er tief Atem: »Wer hat die beiden ermordet, weiß man das schon?«

Die Frau lächelte plötzlich schief. »Ich dachte zuerst, du hättest sie auf dem Gewissen, aber da du heute erst in Basel gelandet bist, scheidest du selbstverständlich aus dem Kreis der Verdächtigen aus.«

Der Mann stöhnte und hielt sich krampfhaft fest,

weil die Fahrerin an einer grünen Ampel einen extrem flotten Start hinlegte.

»Mach keine Witze. Verflucht, ich weiß von überhaupt nichts. Meinst du, ich wäre freiwillig hierher zurückgekommen, wenn ich gewusst hätte, dass Hubert ermordet worden ist? Was ist da los, jetzt plötzlich? Hast du denn keine Angst? Wir sind doch die nächsten Opfer. Fahr mich sofort zurück zum Flughafen. Ich will wieder weg!«

Doch der Honda zischte geradeaus den Spalenring entlang und dann am Schützenmattpark vorbei Richtung Allschwil. Die Frau fuhr immer noch wie eine Henkerin, Goofy atmete schwer, wischte sich erneut den Schweiß ab, stöhnte, setzte an, um etwas zu sagen, schloss aber den Mund wieder und ließ sich ächzend in den Sitz zurückfallen. Das Auto bog volles Karacho in eine Quartierstraße ein. Die Frau bremste hart, und den nicht angeschnallten Beifahrer schleuderte es ein weiteres Mal Richtung Windschutzscheibe.

»Ich könnte mir vorstellen, Goofy, dass du zum Arzt musst, so wie du aussiehst. Was hast du, Tropenfieber, MERS oder was? Hier wohne ich manchmal«, sagte sie und zeigte auf ein bescheidenes Einfamilienhaus, »wenn ich in der Stadt zu tun habe. Du kannst hier bleiben. Ungestört. Das Krankenhaus ist nicht weit.« Die Frau parkte routiniert ein und zog die Handbremse.

Goofy Schlatter lehnte sich aufseufzend zurück und strich der Fahrerin schnell und zart über den Kopf.

»Mir geht es hundsschlecht, ich mach's nicht mehr lange. Wahrscheinlich bin ich eh das nächste Mordopfer, aber der Mörder könnte sich den Aufwand sparen. Mir ist das echt scheißegal, dann ist es wenigstens vorbei. Aber du weißt, da ist noch eine Sache, die geklärt werden muss. Jetzt, wo Hubert tot ist, können wir das ja ziemlich problemlos angehen, oder? Und außerdem will ich mir noch ein Spiel vom FC Basel anschauen.«

*

Kommissär Gsöllpointner hielt vorsichtig das zarte Porzellan der Teetasse und traute sich fast nicht, einen Schluck daraus zu nehmen. Ihm gegenüber saß Evangeline Burckhardt und ließ ein paar dekorative Tränen in ihre Tasse fallen.

»Ich habe Ihnen doch das letzte Mal schon erklärt, wie es um uns stand, Herr Kommissär. Ich und Karli, wir waren nicht mehr glücklich zusammen.«

Gsöllpointner brummte zart.

»Ich und Karli haben uns auseinandergelebt. Dieses Regierungsamt hat ihn so mitgenommen. Er war immer abwesend, nicht nur in letzter Zeit, ach, ich kann es gar nicht sagen. Aber ich würde ihm doch nie etwas antun, und auch mein …« Evangeline brach ab und seufzte noch einmal filmreif.

Bulle Roth stellte die Teetasse vorsichtig auf den niedrigen Beistelltisch. Dafür musste er sich weit aus dem Sessel vorbeugen, und er ächzte.

»Können Sie sich vorstellen, Frau Burckhardt, dass es einen Zusammenhang gibt zwischen den Mordopfern, also zwischen, äh, Ihrem Ehegatten, äh, gewesenem Ehegatten und diesem Hubert Hornfeld? Wir haben ermittelt, dass sich die beiden kannten, sie wohnten als junge Menschen zusammen in einer, äh, Wohngemeinschaft.«

Auch Evangeline stellte ihre Teetasse ab und sah den hin und her gerissenen Franz Gsöllpointner mit ihren großen mondblauen Augen an.

»Das ist alles ganz schrecklich, lieber Herr Kommissär, das ist furchtbar. Das kann und will ich mir nicht vorstellen. Noch ein Mord! Aber der Karli hat mir nie von früher erzählt. Da hat er immer nur darüber gelacht. Jugendsünden, hat er gegrinst und ›tempi passati‹ hat er gesagt, ach je.«

»Aber, sehr verehrte Frau Burckhardt, hat Ihr Gatte Ihnen denn nie von diesen, ähm, vergangenen Zeiten erzählt? Was da so war, früher und so, Himmelherrschaftszeiten!« Bulle Roths Stimme war immer leiser geworden, und so hörte die Witwe das abschließende Schimpfwort nicht mehr. Sie schüttelte tapfer das hübsche Köpfchen und ließ noch ein paar Tränen aufs kostbare Porzellan fallen.

Kommissär Gsöllpointner machte sich einen Vermerk in seinem Gedächtnis: Jugendsünden. Das war so eine Sache mit den Verfehlungen in jungen Jahren, die konnten sich auch spät im Leben noch rächen. Und eine weitere geistige Notiz machte er sich: Evangeline Burckhardt, ausgezeichnete Schauspielerin.

Bulle Roth stolperte ein bisschen, als er aus der Überbauung an der Alemannengasse trat, in der Evangeline, bis vor Kurzem zusammen mit Carl Felix Burckhardt, eine Art Loft im obersten Stockwerk bewohnte. Dieses Domizil würde seiner Frau Rita gefallen, dachte Gsöllpointner; es lag in der besseren Hälfte von Kleinbasel. Obwohl nicht weit von hier der neue, hohe Turm der Heuslerpharm in den Himmel stach. Aber der warf seinen Schatten gegen Norden und nicht in Richtung Rhein.

Der Kommissär war trotz seiner langen Karriere immer noch ein bisschen gehemmt, wenn er kraft seines Amtes in das Heim Wohlhabender eintrat. Er war in sehr einfachen Verhältnissen im oberbayrischen Isartal aufgewachsen, in Bad Tölz, in der Nähe der Flint-Kaserne, wo die US-Streitkräfte seit dem Ende des Zweiten Weltkriegs stationiert waren. Idyllisch oder gemütlich war das nicht gewesen. Zuhause war es immer nur ums fehlende Geld gegangen. Franz war gut in der Schule, wollte viel wissen, aber das Gymnasium oder gar ein Studium kamen nicht infrage, dazu waren keine Mittel da. Eine Lehre auf dem Bau war vorgesehen, die Branche kam zwar gerade ein bisschen in die Krise, aber ein Beruf in diesem Metier war etwas Handfestes. Weiterbilden konnte sich der Junge auch später, wenn er ein finanzielles Auskommen hatte, war des Vaters Meinung gewesen.

Irgendwann hatte der junge Franzl die Geschichte der nahen Flint-Kaserne erfahren. Die Amerikaner hatten 1945 einfach die dortigen Gebäude von den Nazis übernommen. Denn eigentlich war die US-Kaserne als Ausbildungsstätte für Offiziere der Waffen-SS gebaut und 1937 in Betrieb genommen worden. Diese sogenannte Junkerschule war eine Mischung aus Kaserne, höherer Schule und Kloster, eine Kaderschmiede, in der mittels Führerausbildung eine ideologisch gefestigte und kampfkräftige Elite fürs sogenannte Tausendjährige Reich herangezogen werden sollte. Neben Bad Tölz hatte es eine solche Einrichtung auch in Braunschweig, Klagenfurt und Prag-Dewitz gegeben.

Nachdem Franz das erfahren hatte, informierte er sich in der Schulbibliothek über die Nazizeit und die SS, weil in der Schule und zu Hause nicht darüber geredet wurde und ihm auch sonst keiner Auskunft geben wollte. Dann war er auch einmal in der Propagandaveranstaltung einer linken Schülergruppe vom Gymnasium gewesen und hatte erfahren, dass die Entnazifizierung in Bayern erst spät, auf Druck der amerikanischen Besatzungsbehörden, in Gang gekommen war und es von Minderbelasteten und Mitläufern des Nazi-Regimes nur so wimmelte. Und deswegen hatte er gedacht, dass er sich mit seinen 16 Jahren und den ein bisschen längeren Haaren jetzt nur umzuschauen brauchte, um ziemlich viele alte Nazis zu sehen, die mit kalten Augen meinten, dass es unter dem Führer so etwas wie ihn nicht gegeben hätte.

Der Gsöllpointner Franzl war kein Linker, kein Terrorist, höchstens ein später Hippie, er stand einfach auf Rockmusik. Und bald war es so weit, dass er so schnell wie möglich schaute, dass er wegkam aus Bad Tölz. Obwohl es dort wegen der Amerikanerkaserne eine höllisch gute Diskothek gab, in der auch der unbeholfene Franzl seinen Arsch zu Rhythm 'n' Blues und zu Soul schwenken konnte.

In München hatte er nach Gelegenheitsjobs doch noch das Abitur gemacht und Rita Schneider kennengelernt, eine junge Schweizerin aus Basel, die als Pflegefachfrau im Bezirkskrankenhaus, ehedem Nervenkrankenhaus Haar, arbeitete. Sie hatte nichts dagegen, dass der durchaus fesche, fitte Franz sich die Haare schneiden ließ und eine Karriere als Polizist anstrebte, als sie gemeinsam in ihre Heimat Basel zogen, weil die Rita völlig unerwartet schwanger geworden war.

*

Fischer war bester Laune. Maria schlug ihm frühmorgens einen Quickie vor, bevor sie zur Arbeit hetzen musste. Ganz außergewöhnlich! Das war es auch. Danach blieb sie wider Erwarten liegen, grapschte nach dem Handy, entschuldigte sich bei ihrer Arbeitsstelle wegen eines dringlichen Zahnarztbesuchs und kündigte sich für zwei Stunden später an. Was waren Weiber wankelmütig!

Danach lagen sie da und redeten dummes Zeug. Schlussendlich kam das Gespräch doch wieder auf die Politik zurück. Maria versuchte sich zu erklären. »Weißt du, Fischer, ich mach das doch nur wegen der Stadt, wegen der Menschen hier, die Politik, ich will mich beteiligen am Ganzen und mitbestimmen, was geschieht und wer das Sagen hat. Nicht bloß die Faust in der Tasche ballen.« Ihr Blick war fast vorwurfsvoll.

Fischer erwiderte ungerührt: »Die Stadt Basel kommt mir vor wie eine leuchtende Blase, eine Art Qualle, die im Sand gestrandet ist, pulsiert und im Bewusstsein des nahenden Todes die schönsten Leuchtfarben produziert. Seit dem römischen Kastell hoch über dem Rhein ist die Stadt Basel schon tausend Tode gestorben, doch lebt sie immer noch und hat sich stets neu erfunden.«

»Was redest du denn da für einen prätentiösen Bockmist, Fischer?«

»Ach, Maria, du Süße und überaus Wonnige. Selbstverständlich ist das Quatsch, aber ich muss an mein literarisches Renommee denken, falls ich mal für die großen Medien oder vor dem Fernsehen über die Stadt Basel aussagen soll. Dafür habe ich mir das ausgedacht. Klingt aber schon gut, oder?«

Seine Geliebte schüttelte ihre dunklen Locken und zog skeptisch die Augenbrauen zusammen. »Wer wird dich schon mal über Basel ausfragen, mein Lieber, aber jetzt mal ehrlich, was ist diese Stadt eigentlich für dich – Heimat, Durchgangsstation, Lebensmittelpunkt?«

Sollte es zu einer sozialdemokratischen Wertediskussion kommen? Fischer kratzte sich am Kopf. Es war hoffnungslos, er focht mit dem Teufel und würde ihm unterliegen. »Ein Gemeinwesen wie Basel lebt durch seine Bewohner, gewöhnliche Leute, die sich in ihren Quartieren festkrallen, weil die Wohnungen günstig sind und die Hauskatzen die Hinterhofgärten durchstreifen können. Eine Stadt lebt durch Kinder, die wohlgescheitelt und in bunten Kleidchen den ersten Schultag ihres Lebens zelebrieren. Sie lebt durch die Begeisterung für einen Fußballclub, der, obwohl durch und durch eine kapitalistische Unternehmung, doch die Alten und die Jungen, die Dummen und die Gescheiten, die Armen und die Reichen zusammenbringt. Das ist dann die leuchtende Blase Basel, nicht die ansässigen Chemiekonzerne, nicht die kulturellen Special Events und vor allem nicht der Blödsinn, den die Politik anstellt.«

Maria lachte Fischer an. »Kleinbürgerlicher Romantiker! Solipsist!«, war ihre kurze und schnippische Antwort.

Als sie schließlich ins Erziehungsdepartement eilte, lag er noch ein bisschen da. Unvermittelt fiel ihm der erste Schultag seiner Tochter Rebecca ein, wie sie kurz vor dem Abmarsch zur nahegelegenen Schule im Vorgarten gestanden hatte, ein zitronengelbes Kleidchen an, aus dem Steckenbeinchen herausragten, auf dem Rücken einen überdimensionierten Schulranzen, im Gesicht ein skeptisches Lächeln, was da wohl auf sie zukommen würde.

Dann musste auch Fischer hoch, die Aisthesis wartete.

ACHT

Der emeritierte Professor für Alte Geschichte Cosimo Faller hatte schon immer eine große Nase besessen, aber in den letzten Jahren war sie zu einem Zinken angewachsen wie der von Petrosilius Zwackelmann, der ruchlose Zauberer aus »Räuber Hotzenplotz«, der genialen Kasperlegeschichte von Otfried Preußler. Das war wohl die Folge der unendlich vielen kleinen Kräuterbitter, die der rüstige Greis in sich hineinschüttete. Auch jetzt taumelte der Alte ein bisschen und kam nur mit einem kurzen Anlauf über die Schwelle in die Kunstbuchhandlung, in der Fischer seinen Dienst an der aisthetischen Allgemeinheit ableistete.

»Karl Otto Knausbart, sagt Ihnen das was?«

»Sie meinen Karl Ove Knausgård alias Karl Ove Knitterface, lieber Herr Faller. Der ist grauenhaft, finde ich, der steht für ein gnadenlos egomanes Berichten und ist dabei bemerkenswert langweilig und humorlos. Aber das ist die richtige Lektüre für unsere sensible Kulturbevölkerung, die sich gern am Unwohl und Missglück anderer delektiert, um ihre eigene Nullexistenz zu vergessen. Also ist das auch etwas für diese sogenannten Buchliebhaber, die den Literaturclub im Staatsfernsehen immer wieder mit ihrer naiven Begeisterung hochnotpeinlich bestücken und legitimieren, obwohl sie eigentlich wegen der dort vorgestellten, unglaublich langweiligen Literatur ständig randalieren oder Blut husten müssten.«

Der temporäre Buchhändler Melchior Fischer war in seinem Urteil nicht allzu differenziert. Aber gerade das schätzte der aus äußerst wohlhabenden Basler Verhältnissen stammende Altprofessor Faller. Deswegen stützte er Fischer durch großzügige Almosen oder Alimente. Er kaufte zehn Romane auf einmal und brachte bis auf einen oder zwei, die ihm aus irgendwelchen Gründen gefielen (zum Beispiel »Die Erfindung der Roten Armee Fraktion durch einen manisch depressiven Teenager im Sommer 1969« oder »Arme Ritter« oder »Alle Pferde des Königs«) die Schinken wieder zurück, sodass Fischer sie noch einmal unter der Hand verkaufen konnte. Allerdings liefen Romane in der Kunstbuchhandlung so schlecht, dass damit kein großer Reibach zu machen war.

Faller ließ sich in einen unbequem aussehenden Designersessel sinken und fächelte sich mit einem herumliegenden Verlagsprospekt Luft zu. Dabei lächelte er geheimnisvoll und räusperte sich mehrere Male. Fischer sah es entspannt und wartete darauf, dass der Alte wieder mit einem absolut hirnrissigen Projekt daherkam, bei dem er, Fischer, eine namhafte Rolle spielen sollte. So war das immer. Faller hatte einfach einen Narren an ihm gefressen. Wenn es um die Suche nach dem Schatz des Gotenkönigs Alarich in Süditalien ging oder um die Bewahrung von keltischen Kultstätten in Basel – der leidenschaftliche, wenn nicht gar hysterische Historiker Faller stand zuvorderst und Fischer gleich hinter ihm. Der emeritierte Professor legte sich mit jedem an, schmiedete die unsinnigsten Pläne, in denen Fischer als ausführendes Organ, Hitman oder Leibwächter stets eine wichtige Rolle spielen sollte. Dann gab es viel Lärm und Dampf um nichts, Fallers Pläne zerschlugen sich mehr oder weniger jämmerlich, schließlich verzogen sich die Wolken, und Fischer hatte immerhin ein paar Fränkli Aufwandsentschädigung in der Tasche. Der Exprofessor war mit seinem Adrenalinausstoß zufrieden und schmiedete schon bald wieder den nächsten Anschlag auf die Geschichtswissenschaft und die ahnungslose Allgemeinheit. So wie es aussah, auch gerade jetzt wieder.

Der Alte fächelte, hüstelte und sah Fischer schweigend an.

»Leider habe ich die Bücher von diesem Knausgård nicht an Lager. Dabei wäre genau das die perfekte Lektüre für all das langweilige Kunstgesocks, für das dieser Laden eigentlich geöffnet hat.«

Faller ächzte leise und bekam einen bittenden Blick.

Fischer wusste, um was es nun ging. »Einen Becherovka hätte ich in der Bordapotheke, Herr Professor.«

»Ah, einen böhmischen Kräuterschnaps, seit

1807 nach einer streng gehüteten Rezeptur hergestellt, in Karlsbad, nein, Karlovy Vary, wenn ich mich nicht irre.«

Der Alte roch begeistert am Nutellaglas, in das Fischer drei Zentimeter hoch die dunkelbraune und hoch aromatische Flüssigkeit eingegossen hatte. Genüsslich schlürfte Faller das Elixier. »Hören Sie mal, Fischer, sagt Ihnen Liegnitz oder Legnica etwas?«

»Eine Stadt in Polen, früher Oberschlesien. Meine Großeltern mütterlicherseits kommen aus der Gegend.«

»Und sind Ihnen Dschingis Khan und seine Nachfolger ein Begriff?«

Mongolische Nachtigall, ick hör dir trapsen. Fischer sah Faller aufmerksam an. »Der Mongolensturm, richtig, 13. Jahrhundert oder so.«

»Fischer, Sie hätten mein Vorzugsschüler, ja mein Nachfolger werden können an der Universität Basel. Genau, im Jahre 1241 ist Batu Khan vor Liegnitz gestanden, mit einer Armee der Goldenen Horde. Er war ein Enkel des großen Dschingis Khan.«

Fischer fror ein bisschen, als er diese Namen hörte. Das hatte ihn als Halbwüchsigen maßlos interessiert. »Dschingis Khan erobert ein Weltreich« hieß sein damaliges Lieblingsbuch, das er wieder und wieder gelesen hatte.

»Die Mongolen gewannen die Schlacht auf der Wahlstatt bei Liegnitz gegen das Heer der deutschen und polnischen Ritter. Klarer Sieg nach Punkten und Toten, alles weggeputzt an abendländischer

Verteidigung. Statt danach weiter Richtung Westen zu marschieren, bogen die Mongolen nach Süden ab. Warum, frage ich Sie, Fischer, warum? Geheimnisvolles Geschehen. Was bewegt eine Horde wilder Steppenkrieger dazu, nicht ins christliche Abendland einzufallen und dort gewaltige Beute zu machen, obwohl es doch ein Kinderspiel gewesen wäre? Zur gleichen Zeit quasi dasselbe in Muhi in Ungarn. Subutai, der große Mongolengeneral, schlägt die christlichen Truppen unter König Béla und zieht einfach nicht weiter westwärts.«

Fischer nahm nun auch ein Fingerhütchen voll Becherovka und erschauerte ein kleines bisschen, aber nicht wegen des Alkohols. Was dachte sich der Alte da wieder aus?

»Ich sage Ihnen, Fischer, was ich denke. Die Mongolen haben sich mit Abscheu abgewandt vom sogenannten christlichen Abendlande. So ein heuchlerisches, ausbeuterisches Konstrukt wollten sie gar nicht erobern, das ekelte sie nur an. Verlogenster Feudalismus, Prost! Ein Hoch auf Dschingis Khan und seine Nachfolger!«

*

Kommissär Franz Gsöllpointner wühlte in einem kleinen Papierhaufen auf seinem Schreibtisch. Er wurde sonst in seiner Schreibtischschublade links unten verwahrt. Kopien der Dokumente seines Lebens. Die Heiratsurkunde mit Rita, geborene Schneider. Die Bestätigung, dass er die Schweizerische Staatsbürgerschaft angenommen hatte. Die Anstellungsurkunde beim Basler Polizeikorps. Amtliche Mitteilungen über Weiterbildungen und Beförderungen. AHV-Papiere. Pensionskassen-Schriebe. Ein Mitgliedsausweis des FC Baudepartement Basel, einem Amateurclub, bei dem der Kommissär mit der Basler Fußballlegende Karli Odermatt bei den Veteranen gespielt hatte. Die Todesanzeige von Franz Xaver Gsöllpointner und Kreszentia, geborene Brunnenmeier, seine Eltern, die innerhalb von zwei Tagen nacheinander verstorben waren. Die Geburtsurkunden seiner drei Kinder, die mittlerweile alle aus dem Haus waren. Eine schmerzliche Erfahrung für Franz Gsöllpointner samt Gattin, ohne Kinder zu leben, für die man sich vorher gut 20 Jahre lang abgerackert hatte. Verlustgefühle, Sehnsucht nach der alten Nähe, obwohl die Mittlere, Verena, eine Drogenkarriere hinter sich hatte. Ausgerechnet sie, das Wunschkind. Desirée sollte sie zuerst heißen, aber das war den Eltern doch zu kitschig. Also das Vreneli, ein Polizistenkind halt. Kleine Rebellionen, das Verbotene lockte. Was war das für ein Drama gewesen. Die Ehe mit Rita wäre fast zerbrochen, war beschädigt bis heute geblieben.

Bulle Roth seufzte schwer. Meistens half ihm das Durchblättern seines papierenen Lebens, den Kopf zu leeren und in einen quasi hypnotischen und transzendentalen Zustand zu gelangen. Dann konnte er sich einen Fall vornehmen, die Geschehnisse und die Fakten durch sein Gehirn jagen, sich die Handelnden vorstellen, die Motive, all das Schräge und Kaputte in einem Leben, das schließlich in ein Verbrechen mündete. Vor allem das.

Diesmal aber ging es nicht so einfach. Was wusste er? Der erstochene Hubert Hornfeld war Stiftungsratspräsident einer gewissen Swami-Sri-Baba-Foundation gewesen, ordnungsgemäß im Handelsregister eingetragen. Das war also ein Guru-Ding, quasi ein Ashram oder wie man das nannte. Genau so wie es auch dieser kratzige Besen Katharina Hammerschmidt ausgesagt hatte. Gsöllpointner musste grinsen. Geh weiter, das war also Melchior Fischers Exfrau. Kein Wunder war der ein wirrköpfiges Weichei, wenn er so eine Alte geheiratet hatte und später von ihr in die Wüste geschickt worden war.

Bulle Roth verschob die Papierstapel auf seinem Tisch. Was wusste er noch?

Hubert Hornfeld hatte in einer schönen, großen Villa gewohnt, in der Landgemeinde, im nördlichen Vorort von Basel. War er einfach nur reich gewesen, oder konnte es sein, dass diese Swami-Foundation dermaßen Diridari abwarf? Sonst war nichts Nachteiliges bekannt über Hornfeld, zumindest nicht von den Nachbarn, die waren alle sehr zufrieden mit dem Mann gewesen, der immer viel unterwegs gewesen sei. Stets freundlich und nett, der Herr Hornfeld, und sechsmal im Jahr sei der Gärtner gekommen, der den Rasen gemäht und die Hecken fein säuberlich gestutzt habe. Das hatten die Nachbarn rapportiert, denen Bulle Roth seinen Wachtmeister Britzig auf den Hals geschickt hatte.

Zu den Swami-Stiftungsräten gehörte auch eine gewisse Sabine Hornfeld, geborene Meyer. Die sei aber schon vor mehreren Jahren ausgezogen mit ihrem Sohn, wahrscheinlich eine Scheidungsfolge, wie Britzig von einer besonders gut informierten Nachbarin erzählt bekam. Die recht geschwätzige Frau konnte sich aber nicht recht erinnern, wie diese Exfrau Hornfeld ausgesehen habe. Gewöhnlich halt. Der Sohn sei ein bisschen schwierig gewesen, das wusste sie noch, aber er sei danach öfter noch bei seinem Vater gewesen.

Carl Felix Burckhardt war jedenfalls kein Swami-Stiftungsrat gewesen, das stand fest. Gab es noch eine Verbindung zum toten Regierungsrat, außer dass man zusammen in einer Wohngemeinschaft gelebt hatte? War da was in der Vergangenheit gewesen? Jugendsünden? Alte Schulden? Sühne? Rache? Miteinander gewohnt, nacheinander auf die gleiche Art gestorben.

Die Gedanken ratterten durch Gsöllpointners Gehirn und ließen sich nicht greifen. Es war zu auffällig, dass die beiden auf dieselbe Art ermordet worden waren, da steckte etwas dahinter. Nur was? Der

Kommissär verschob ein paar Papiere. Er hatte sich in die Idee verliebt, dass der Regierungsrat durch einen Nebenbuhler umgebracht worden war. Dafür sprach, dass dieser Mendota abgehauen war. Dass dabei Evangeline Burckhardt ihre bezaubernden Händchen im Spiel hatte, konnte auch möglich sein. Eifersucht, nein, Liebesblindheit war einfach ein zu schönes Motiv für einen Mord.

Hubert Hornfeld hingegen war wohl durch jemanden umgebracht worden, der ihn gut kannte und vielleicht sogar mit ihm joggen gegangen war. Sein Wachtmeister Britzig allerdings war mittlerweile überzeugt davon, dass der Mörder ein Serienkiller war und Burckhardt wie auch Hornfeld auf dem Gewissen hatte. Wahrscheinlich ein literarisch bewanderter Serienmörder, der auch Friedrich Glauser kannte, so hatte der Kommissär seinem Untergebenen mit einem Lächeln geantwortet. Aber ausgeschlossen war es nicht, dass die beiden Opfer vom selben Unhold zu Tode gebracht worden waren, Herrgottsakrament noch einmal! Der Kommissär griff sich die Dokumente seiner Existenz und verstaute sie sorgfältig wieder in der unteren linken Schublade seines Schreibtischs.

Keine zwei Stunden später pfiff Bulle Roth leise durch die Zähne. Die Staatsanwaltschaft hatte Informationen von der Stiftungsaufsicht im Finanzdepartement besorgt. Demnach besaß diese Swami-Sri-Baba-Foundation über ein Dutzend Häuser in Basel und

Umgebung sowie ein wohlgefülltes Bankkonto. Jährlich wurden sehr gut dotierte Stipendien vergeben, an Außenstehende, aber auch und vor allem an die Stiftungsräte. Bei so viel Besitz gab es stets ein Motiv für eine Gewalttat. Diese Frau Hornfeld-Meyer musste sofort her, wo immer sie auch steckte. Es war Priorität, die Frau sofort zu befragen. In Basel-Stadt war sie nicht angemeldet. Gsöllpointner atmete tief ein und spannte unwillkürlich den Bizeps an. Wenn das bloß was nützen würde, einfach dreinzuschlagen. Dann beruhigte er sich wieder. Er würde erst einmal schauen, was die Kantine heute für einen Imbiss anbot. Doch seine jähe Fresslust blieb ungestillt, denn Wachtmeister Britzig rauschte ins Büro wie damals Schimanski und knallte mit einem mühsam verkniffenen Lachen ein Blatt Papier aufs Pult, welches gerade allerheiligst eiligst von der Staatsanwaltschaft gekommen sei.

Gsöllpointner las, sah Britzig fragend an, las den Wisch gleich noch einmal. »Verstehe ich das richtig, Blutrhein? Also Blut und Rhein?«

»Jep, genau so und nicht anders!« Wachtmeister Britzig strahlte über das ganze Gesicht und weit bis über seine beiden voluminösen Ohren hinaus. Ihm gefiel der Name offensichtlich. Oder vielleicht auch das poetische Potenzial der Ermittlungsbehörde.

Der Kommissär schüttelte den Kopf. »Unser Doppelmord heißt ab sofort ›der Fall Blutrhein‹? Ja, da legst dich doch nieder! Aber der leitende Staatsanwalt wird sich schon seinen Teil dabei gedacht haben.

Blutrhein also. Wenn der Aktenname hilft, den oder die Mörder von Burckhardt und Hornfeld zu finden, soll es mir recht sein. Fehlt nur noch der schwarze Nachen des Charon auf diesem Blutrhein.«

»Halt, Chef, ich glaube, ›Blutrhein‹ gilt nur für den Mord am Regierungsrat. Der hat auf jeden Fall Vorrang, so wie ich die oben verstanden habe. Das müsste da noch irgendwo stehen. Wichtig ist der Mörder vom Regierungsrat. Und Sie glauben ja selbst nicht dran, dass der Mörder bei beiden Fällen derselbe ist.«

»Ja und wenn doch? Herrschaftszeiten, aber von mir aus, also ›Akte Blutrhein‹. Und bei diesem Hornfeld nennen wir den Fall dann ›Blut-Vita-Parcours‹, oder was? Blutrhein, ja da leckst mich doch!«

»Lustig ist, Chef, dass ich am Bluttrain wohne, am Bluttrainweg. Hat aber nichts mit Blut und Rhein zu tun und auch nichts mit dem Mord.«

Gsöllpointner seufzte ergeben.

Britzig wurde ganz eifrig. »›Bluttrain‹ hat auch nichts mit ›Blut‹ und ›Train‹ zu tun, sondern ist alemannischer Herkunft, ›Blutt und Rain‹, der ›blutte Rain‹, der nackte Abhang sozusagen. Weil die Straße, also der Weg, auf einen Abhang zuführt. Also eigentlich auf einen Aufhang, weil da geht es nach oben. Wie heißt das denn jetzt wieder? Aber Sie verstehen, Chef, was ich meine, oder?«

Der Kommissär seufzte noch einmal, dringlicher. Er hatte ja keine Ahnung, dass sein Wachtmeister sich für solche Sachen interessierte.

»Das haben wir im Heimatkundeunterricht gelernt, das ist doch hochinteressant, das mit den Wörtern. Sie klingen ziemlich gleich und bedeuten doch etwas völlig anderes. Fast wie ein Gauner mit mehreren Identitäten. Gibt es eigentlich keine Wörterpolizei?«

Gsöllpointner seufzte laut wie das Rauschen eines Blutrhein-Hochwassers und versuchte so furchteinflößend wie Charon auszusehen. »Mein lieber Britzig, Ihr Gedankengang ist absolut faszinierend, doch jetzt müssen wir uns um den blutigen Rhein und nicht um den nackten Abhang kümmern.«

NEUN

Ralph Schlatter alias Goofy hatte im Bad zwei rostrot verfärbte Papierfetzen gefunden. Das war Blut, ganz klar. Er würgte ein bisschen und hatte plötzlich ein Riesenloch statt eines Magens. Er schwankte zurück in die Küche und fiel auf einen Stuhl. War der Schnitter, nein, der Stecher Tod schon dagewesen wegen ihm? Hatte er hier ein neues Opfer gefunden? Oder hatte er sich bloß beim Rasieren geschnitten?

Goofy hasste dieses Haus im Basler Gotthelfquartier. Er sehnte sich nach dem südostasiatischen Strand, nach den honigsonnigen Morgenstunden und den zephirleichten Nächten. Hier lag nur dumpf das eidgenössische Streben nach Sicherheit und Wohlanständigkeit in der Luft. Vor allem in diesem so bürgerlichen Viertel! Außerdem war dieser Basler Frühherbst trostlos wie nur sonst etwas. Viel zu kalt war es, viel zu unwirtlich. Die Blätter trudelten todesmüde von den Bäumen und regten sich nicht mehr, wenn sie am Boden lagen.

Goofy wischte sich den Schweiß ab. Der floss auch

bei dieser Kälte. Das war nicht optimal. Immerhin war die Küche dieses Hauses gut ausgestattet. Er kochte Wasser auf für einen grünen Tee. Dann setzte er sich und steckte die Füße und eine Hand in die kleine Plastikwanne mit feinem Sand, die unter dem Tisch an der Wand stand. Bester Sand vom Strand von Hat Chao Mai. Deswegen war sein Koffer bei seiner Herreise so schwer gewesen. Der Sand vom Strand wie Amarant und Diamant.

Goofy hatte sich mit Sabine aus nostalgischen Gründen am Rhein verabredet. Dort hatten sie gewohnt, er und der blöde Hubsi und die Studentenschnalle und Sabine. Ach, Sabine. Als Hubert nur noch seinen Swami Dingsda im Kopf hatte, waren Goofy und sie sich tatsächlich nähergekommen. Ziemlich nahe. Wie Sabine den asketischen Guru-Hubert davon überzeugt hatte, dass das Kind, welches sie unter dem Herzen trug, von ihm war, das war ein Meisterstück. Er, Goofy, wollte standhaft alles beichten und auch die Verantwortung für das werdende Leben übernehmen. Aber da kam er bei Sabine gar nicht gut an. Die drohte ihm quasi mit physischer Vernichtung. So etwas hielt ein Ralph Schlatter nicht aus. Das war too much. Das Kind war also von Hubert, zum Glück war der in seiner Guru-Ausbildung damals noch nicht so weit, dass er jederzeit sein Sperma zurückhalten konnte.

Sabine bekam einen Sohn, den sie Darshan nannte. Blöder Name. Stammte aus dem Sanskrit und sollte »das Treffen und die Umarmung von Meister und

Schüler« bedeuten. Der Name war Huberts Idee gewesen. Das war sein Ding. Der erleuchtete Guru oder eher Unterguru, Abteilung Mitteleuropa. Er hatte ein Leben versprochen ohne Stress und in Kontemplation, wenn man ihm folgte. »Schau nach innen, dort ist die Leere, welche die immerwährende Freiheit ist. Die Wirklichkeit kann man nur erfahren.« So Sachen halt. Goofy erinnerte sich mit Schaudern. Er war ja nicht der Hellste, aber das war sogar ihm zu anspruchslos.

Beim Swami Sri Baba hatten auch ängstliche Seelen weich und zu einem leeren Gefäß werden können. Man hatte sich nicht rot anziehen müssen wie beim Bhagwan und seine Sinnsuche so unangenehm öffentlich machen. Ein bisschen kathartische Meditation, und schon ging es auch behüteten Basler Kreisen besser. Kein Wunder gab es immer öfter auch finanzkräftige Anhängerschaft. Swami Sri Babas Lehren waren wahrscheinlich sogar weniger anspruchsvoll und schmerzhaft als die Psychoanalyse, die sonst hier in der Stadt vorherrschte. Hubert Hornfeld hieß nun Swami Satya Hari und Sabine irgendetwas mit Ma vornedran.

Die Wohngemeinschaft am St.-Johanns-Tor war immer mehr zur Guru-Zentrale und zum Ashram geworden.

Ralph Goofy Schlatter erinnerte sich nicht gerne daran. Für Katharina, die mit ihrem Freund Fischer in ein Zweiernest ausgeflogen war, war der kurzfristig eine Übergangslösung an Behausung suchende Carl

Felix Burckhardt eingezogen. Das war nicht zu verhindern gewesen, denn die Liegenschaft gehörte seiner Familie. Dieser Karli hatte zu jener Zeit gerade überlegt, wie er sein Leben neu ausrichten sollte, seitdem ihm der Linksradikalismus zu anstrengend geworden war. So hatte Goofy das verstanden. Er war dann überrascht gewesen, dass sich Hubert und Carl Felix gut verstanden. Sie diskutierten ständig, hielten mehr oder weniger geheime Sitzungen ab und waren immer mit viel Papier zugange. Es schien, als hätte Karli ein neues Betätigungsfeld entdeckt, das ihm bedeutend näherlag als der Straßenkampf und die gewaltsame Revolution.

Schließlich war Ralph Schlatter weit weg gewesen. Verschickt sozusagen. Es war nicht schwierig für ihn gewesen, sich in Thailand wohlzufühlen. Da hatte er ja schon immer hin gewollt. Vor allem, da er nun eine Rente bekam. Die schwangere Sabine hatte es ihm so erklärt: Er solle verschwinden, so weit weg wie möglich, dafür bekäme er jeden Monat einen Betrag überwiesen, mit dem er in der Fremde gut leben könnte. Dann bräuchte er nie mehr seinen faulen Arsch zu lüpfen.

Goofy grinste, es war kein schöner Anblick.

Er war nach Basel gekommen, weil Hubert mit ihm Kontakt aufgenommen und ihn hierher bestellt hatte. Aber der Saukopf hatte ihm verschwiegen, dass Karli ermordet worden war. Als er, Goofy, übers Internet von dessen tragischem Tod erfahren hatte, war ihm sofort klar, dass Hubert dahinterstecken musste. Der

Typ hatte sich öfters völlig irre aufgeführt. Dem war alles zuzutrauen gewesen. Goofy ging es schon so schlecht, dass er trotzdem nach Basel flog; er wollte endlich seinen Sohn in die Arme schließen. Danach konnte ihn Hubert killen, wegen was auch immer, hatte er gedacht. Aber jetzt war dieses Arschloch ja auch plötzlich tot. Er, Goofy, konnte die Zeichen nicht lesen. Das war alles so verwirrend.

Wenn er schon in Basel war, konnte er auch zum Doktor gehen mit seinem Zustand und das einmal abklären lassen. Und da der verdammte Pseudoguru Swami Satya Hari über den Jordan oder vielleicht besser über den Ganges geschippert war, konnte Goofy nun in aller Ruhe Familientechnisches erledigen, mit seinem Sohn Darshan, der nichts von seinem Glück ahnte. Außerdem war es Zeit, dass Goofy zur unglückseligen Wahl des neuen Trainers vom FC Basel im weltweiten Netz seinen Kommentar abgab.

*

Fischer lag ausnahmsweise einmal nicht, als ihn der Ruf ereilte. Er saß in der Buchhandlung und wartete etwas bange auf den Exprofessor Faller. Die Mongolen vor Liegnitz. Was da wohl wieder auf ihn zukam?

Die Nummer, die sein Handy anzeigte, sagte ihm nichts. Eine Frauenstimme, der Hauch einer Stimme eher. Sie streichelte Fischers Ohr, ging vorbei an Hammer, Amboss und Hörschnecke direkt in sein Hirn, vibrierte dort vom Scheitelbein zum Stirnbein, liebkoste die Amygdala, fast wie eine Droge. Fischer wollte mehr von dieser Stimme, mehr. Dann verstand er endlich, wer ihn anrief: Evangeline Burckhardt.

Fischer blieb die Spucke weg. Die Stimme auch.

»Hallo, hallo, hallo!«, kam es vom anderen Ende der Leitung. Es klang wie Engelsschläge. Weißgekleidete Geflügelte saßen in Fischers Hirn und schlugen sanft mit silbernen Hämmern auf die Ganglien ein. Er erinnerte sich plötzlich an sein erstes und einziges LSD-Erlebnis. Jammernd war er in einem Acker gelegen und hatte die Finger ins Erdreich gekrallt, um dieses über sich zu streuen und sich selbst zu begraben, weil er davon überzeugt gewesen war, dass er tot sei. Doch dann war ein Engel in seinen Kopf gekrochen und hatte zu ihm gesprochen. Er vermutete später, dass in Wirklichkeit eine junge Frau, in die er damals vernarrt war, mit ihm geredet hatte, um ihn von dem Unsinn abzubringen, Erde über sich zu streuen. Jedenfalls rettete ihn dieser Engel und brachte ihn zurück unter die Lebenden.

Die Stimme in seinem Handy wurde lauter. Hallo, hallo, hallo!

Fischer riss sich zusammen und schaffte es, einen Satz zu bilden und diesen vernehmlich zu artikulieren: »Ja, hallo erst mal, hier auch, was gibt es denn?«

Evangeline musste ihn so schnell wie möglich persönlich sprechen. An einem unverdächtigen Ort. Sie wisse, dass sie aufdringlich und distanzlos sei, aber sie müsse einfach mit jemandem in Kontakt treten, der, wie sie auch, zu Eduard Mendota eine Beziehung habe. Es tue ihr furchtbar leid, ihn so zu bedrängen.

In die Buchhandlung wollte die Besitzerin der Engelsstimme nicht kommen, also verabredete sich Fischer mit ihr auf der Pfalz, der Plattform des Basler Münsters. Dort wimmelte es normalerweise nur so von Touristen. Das war ein guter Ort für ein unverdächtiges Treffen. Fischer hängte den bewährten Zettel mit der Aufschrift »Bin gleich wieder da!« an die Ladentür und ging die paar Meter bergauf zum Münster. An dessen Rückseite, dem Kopfende des romanischen Kreuzes, lag die Pfalz, von der aus es steil felshinunter in den Rhein ging. Ein guter Ort, um jemanden um die Ecke zu bringen, dachte Fischer und schaute sich vorsichtig um, ob ihm nicht jemand gefolgt war.

Evangeline Burckhardts milchblonde Schönheit hob sich deutlich ab neben einer Gruppe ostasiatischer Touristen, die trotz des diesigen Wetters wie wild über den träge dahinrollenden Fluss fotografierten. Dort drüben gab es nur Industriekamine und in der Ferne den dunklen Rücken des Schwarzwalds zu sehen. Und da war auch das gewaltige Hochhaus der Heuslerpharm. Dazu sollten sich im Laufe der nächsten Jahre noch drei solcher Klötze gesellen. Die offizielle Bewilligung für diese Bebauung hatte der Basler Große Rat eiligst durchgepeitscht. Das nannte man einen Sondernutzungsplan. Jetzt, da der erste Klotz stand und seinen Schatten warf, regte sich plötzlich Widerstand im betroffenen Quartier. Man sei nicht richtig informiert worden über das Volumen des Bauvorhabens. Auch nicht über die Auswirkungen bezüglich des Verkehrs, den die vielen Heuslerpharm-Angestellten schlussendlich veranstalten würden. Mit seiner Höhe von 178 Metern war der Turm immerhin der höchste Wolkenkratzer der Schweiz und sah bestenfalls aus wie ein intergalaktisches Flugschiff-Terminal in einer Star-Wars-Parodie.

Fischer hatte Evangeline Burckhardt schon öfter von ferne gesehen und dieses Jahr sogar von ganz nahem, nämlich bei der Eröffnung eines der internationalen Superduperereignisse in Basel, der Kunstmesse Art. Er war mit Maria dort gewesen und hatte, geblendet vom Chic und der Extravaganz der Gäste und vom Glimmer und Glitter der Kunstwerke, wahllos ringsum Hände geschüttelt. Unter diesen Menschen war auch Evangeline gewesen, erinnerte er sich jetzt. Neben ihrem Regierungsrat, der seinerseits mit feurigem Blick die an diesem Abend besonders hübsche Maria Casaramone abgeküsst hatte. Fischer hätte ihm gleich eine reinsemmeln sollen, einen perfekten Schwinger auf den sozialdemokratischen Zinken, dann wäre Karli Burckhardt im Spital gelandet und gemäß Chaostheorie vielleicht noch am Leben. Aber er hatte es nicht gemacht und steckte nun mitten in dieser unangenehmen Sache drin. Er trat zur milchblonden Schönheit und räusperte sich vornehm.

»Gestatten, Fischer. In Sachen Eduard Mendota. Ich glaube, wir kennen uns«, stotterte er los. Die Witwe sah ihn verständnislos an. Erwartete sie vielleicht einen Handkuss?

»Von der Art, äh, Art Basel, Kunst«, stotterte Fischer weiter.

»Lieber Herr Fischer, es freut mich sehr, Sie kennenzulernen. Edi hat mir gesagt, dass Sie sein – nun ja – Kumpel seien.«

Fischer hielt die Hand vor den Mund, um nicht loszuprusten. Edi! Edi Mendota, das war großartig, das musste er gegen ihn verwenden.

»Edi hat mir auch erzählt, dass Sie sich ab und an detektivisch betätigen. Deswegen komme ich auf Sie zu, Herr Fischer. Bitte suchen Sie Edi und bringen Sie ihn zurück nach Basel, wo immer er auch ist. Bringen Sie ihn zurück zu mir, aber auch zur Polizei. Ich weiß, dass er unschuldig ist. Sie spüren das doch sicher auch als Freund.«

Fischer war sich nicht sicher, ob er ein Freund von Mendota war. Aber dass dieser keinen Regierungsrat abgestochen hatte, das mochte er gerne glauben. Er versuchte, etwas sachdienlicher zu werden: »Haben Sie denn eine Ahnung, wo Ihr, ähem, Edi ist?«

Eine lichte Träne stahl sich aus Evangeline Burckhardts Auge und rollte die hohe Wange hinunter.

Fischer schluckte schwer. Das zerriss einem ja das Herz. Aber nicht seines! Diese Frau mit ihrem preziösen Getue ging ihm langsam auf den Wecker. Er, Fischer, der einzig wahre und echte Nachfolger von Sam Spade, hatte es gerne konkret und direkt: »Ist er etwa in Halle an der Saale? An den urigen Ufern der Unstrut? Oder wo treibt sich Ihr geliebter Edi herum?«, fragte Fischer betont unsensibel nach.

Evangeline zog ganz undamenhaft den Rotz hoch und hielt Fischer ein Handy hin. »Er hat mir ein Apparätchen gegeben für den Fall der Fälle, dass ich ihn kontaktieren muss in seinem selbstgewählten Exil. Bislang habe ich es nicht gewagt. Wenn Sie so gut wären und das für mich übernehmen könnten. Und sagen Sie ihm, dass wir hier in Basel alle gut für ihn sorgen wollen. Das wollen wir doch, allerbester Herr Fischer, oder?«

Sam Spade nahm das Prepaidhandy und versprach der Dame, dass er durchaus in Betracht zöge, sich um den Man in Black zu kümmern, ihn sicher nach Basel zu lotsen und bis zur Polizei zu begleiten. Jetzt musste er wieder in die Buchhandlung hetzen, auch wenn es ihm schwerfiel, aus dem Bannstrahl der mondblauen Augen zu treten.

ZEHN

»MM – Die Modernen Mongolen. Eine Vereinigung zur Destabilisierung des Abendlandes, speziell der Stadt Basel«.

»Na, was meinen Sie, Fischer, das ist doch gar nicht so schlecht als erster Ansatz, oder wie oder was?«

Fischer gab Cosimo Faller den farbigen Computerausdruck zurück und tippte den Preis von »Kampuchea« von Patrick Deville, »Coin Locker Babys« von Ryu Murakami, »Be a man, kill yourself« von Ronald Biggs und noch ein paar anderen Romanen in die Ladenkasse und überlegte dabei, was er dem emeritierten Professor antworten sollte. Destabilisierung? Gut, das mochte angehen. Das war ein guter Witz, die Modernen Mongolen, aber der Alte meinte es ernst. Todernst. Faller Khan!

»Ich sehe es Ihnen an, Fischer, Sie sind skeptisch, das macht nichts. Wir wollen ja nicht in haltlose Begeisterung verfallen, sondern kühl die geeignete Organisationsform ausbaldowern, um dem Gegner optimal gegenüberzutreten. Oder meinen Sie, dass wir uns im Zeichen der Zeit und für die jungen Leute vielleicht ›Modern Mongols‹ nennen sollten? Auf jeden Fall brauchen wir ein Aktionsprogramm. Wir werden uns einmischen. In alles, was in dieser Stadt passiert.«

Oje, dachte Fischer, der Alte sagte schon »wir«.

»Wir gehen gegen korrupte Politiker ebenso vor wie gegen ausbeuterische Großkapitalisten. Ich weiß, das klingt ein bisschen verwegen für einen Vertreter der Basler Großbourgeoisie wie ich es bin. Aber glauben Sie mir, Fischer, man kann auch im hohen Alter noch ein Erweckungserlebnis haben, wenn man das Elend in der Welt sieht. Und wo fängt der gute Mann zuerst an zu kehren – genau, vor dem eigenen Hause. Dort ist der Dreck am größten. Nennen Sie mich ruhig einen Anarchisten, nein, lieber einen Mongolen.«

»Aber die hatten doch feudale Strukturen, eine absolutistische Männerherrschaft, den grausamsten Kriegskapitalismus, sie waren schreckliche Barbaren und frauenfeindlich. Und vor allem kannten sie keinen auf Kräutern basierenden Alkohol, nur vergorene Stutenmilch.« Fischer zitterte leicht vor Ekel.

Der Exprofessor neigte das markante Haupt so dicht zu Fischer, dass diesen fast der Zinken des Alten berührte. »Hören Sie, mein Lieber, ich bin zwar schon betagt, aber nicht beschränkt. Das Konstrukt Mongolen hat selbstverständlich seine Schwächen, sicher doch. Es geht hier nur um den Namen. Wir müssen das, was die Mongolen 1241 in Liegnitz und Muhi verpasst haben, nachholen. Angst und Schrecken verbreiten, das scheußlich-christliche Abendland in seinen Grundfesten erschüttern. Es geht darum, eine Umwertung aller Werte vorzunehmen.«

Fischer hüstelte leise in seine hohle Hand. Herrjemine. Er war sich nicht allzu sicher, dass der Begriff »Mongolen« heute noch Angst und Schrecken verbreiten würde. Möglicherweise sorgte er bei einem aus allen Zeiten und Umständen herausgefallenen Exprofessor für Gänsehaut, aber doch nicht bei diesen kaltblütigen Politikanten und Ökonomisten der Gegenwart. Aber es war selbstverständlich in seiner Wirrköpfigkeit insgesamt ein großartiger Gedanke. Moderne Mongolen, mit einem Schlückchen Nietzsche und einem Hauch Bakunin, jawohl!

Gerade wegen dieser haltlosen Radikalität empfand Fischer Zuneigung zum alten Zausel.

»Erstes Ziel ist die Heuslerpharm, diese grauenerregenden Hochhäuser, diese hohnlachende Kulturschande, sie müssen fallen wie die Stadtmauern von Liegnitz oder von mir aus wie der Turm von Babylon.«

Ob aus dem alten Faller der genuine Terrorist oder nur der Becherovka sprach, war Fischer nicht klar. Er schüttelte nur den Kopf, packte die zehn Romane in eine Papiertüte und überreichte sie dem Exprofessor. Der pflückte sich zwei davon heraus und gab den Rest der Bücher zurück. Er zahlte mit großen Noten und bedeutete Fischer, das Retourgeld zu behalten.

»Man dankt, Herr Professor. Lassen Sie mich wissen, wie es weitergeht mit den Mongolen oder Mongols. Selbstverständlich bin ich dabei. Ich muss jetzt aber erst zwei, drei Tage nach Paris, einen alten Freund vor ungerechter Verfolgung retten.«

»Das höre ich gerne, Fischer, dass Sie sich für die Schwachen und Beladenen einsetzen. Sie sind mein Mann, ich wusste es doch. Möros und Selinuntius. Sie kennen die Quelle von Friedrich Schillers ›Bürgschaft‹, oder? Der Fabeldichter Hyginus, bei dem der alte Schiller hemmungslos geklaut hat. ›Und die Treue, sie ist doch kein leerer Wahn, so nehmet auch mich zum Genossen an.‹ Da regt man sich heutzutage über Copy und Paste auf. Aber gut, drei Tage haben Sie Zeit, das wird so einem tatkräftigen Manne wie Ihnen wohl genügen. ›Ich flehe dich um drei Tage Zeit, bis ich die Schwester dem Gatten gefreit.‹ Glückauf, und lang leben die Mongolen!«

Als der Alte draußen war, setzte sich Fischer hinter seinen Ladentisch und schlug die Hände vor den Kopf. Mit was für Typen hatte er es bloß zu tun? Na gut, dann konnte er ja auch gleich noch den Auftrag von Evangeline Burckhardt erfüllen und ihre Buhlschaft Mendota anrufen. Er wühlte in seinen Jackentaschen nach dem Prepaidhandy. Es war nur eine einzige Nummer gespeichert, unter Edi. Fischer rief an.

»Ach, Evangeline, endlich …«, säuselte es weit entfernt.

»Nein, Kollege Schwarzkrähe, hier ist deine Nemesis Nummer zwei namens Fischer.« Er erklärte dem aufgebrachten Mendota, wie er in Besitz des Handys gekommen war. Der wurde daraufhin zutraulich. Dass Fischer das Handy und den Kommunikationsauftrag von Evangeline bekommen hatte, verstünde er nur zu gut, denn »die Geliebte sei doch traun allzu empfindsam im Gemüthe.«

Fischer wechselte das Ohr. »Verdammt, Mendota, machst du einen auf 19. Jahrhundert? Damit kannst du deine Evangeline bezirzen, nicht mich. Wo bist du jetzt eigentlich hingeflohen in einer Wolke aus Feuer? Nach Halle an der Saale, nach Limburg an der Lahn oder etwa nach Verden an der Aller?«

»Mein Freund, weder noch, das verstehst du sicher. Wenn einen die alte Hauptstadt der Welt ruft, dann kann man nicht so einfach nein sagen und in der deutschen Provinz herumgurken.«

»Also Paris! Hör mal, Mendota, du sollst dich bei der Basler Polizei melden. Es gab einen zweiten Mord, genau gleich ausgeführt wie der am Regierungsrat. Für den hast du keinerlei Motiv und durch dein Verschwinden sogar ein Alibi. Außerdem nehme ich sowieso nicht an, dass du Karli Burckhardt wegen seiner Alten umgebracht hast, oder?«

»Wo denkst du hin! Und rede nicht so despektierlich von meiner Seelenverwandten. Sobald Gras über die Sache gewachsen ist, werden Evangeline und ich unser Verhältnis vor aller Welt öffentlich machen. Aber freilich, dass es noch einen Mord gegeben hat im schönen Basel, das ist in der Tat einerseits merkwürdig wie andrerseits günstig für mich.«

»Red nicht so geschwollen daher, Mendota. Falls du dich je mit der Witwe legal und öffentlich zeigen willst, kommst du besser schnell nach Basel zurück.«

»Aber es ist schön hier in Paris, auch als Exilant fern der Heimat. Ich gehe so vor mich hin und entdecke jeden Tag Neues. Ich ziehe über die Friedhöfe und besuche meine Heldinnen und Helden, zum Beispiel den lieben Heinrich Heine. Du ahnst ja nicht, Fischer, wie viele von den alten Genossen hier auf den Cimetières begraben sind. Und die Leute sind ja nicht tot, die ruhen sich nur ein bisschen aus von ihrem Leben. Ihre Taten und Werke leben weiter, und ich sehe und staune und lese und denke und diskutiere mit den Toten über all das. Ich habe gut zu tun und weiß also nicht, ob ich es so einfach Knall auf Fall nach Basel zurückschaffe …«

»Knall ist richtig, Mendota, so einen hast du nämlich, einen riesigen sogar. Und was ist mit Evangeline?«

»Ach ja, Evangeline …«

Fischer – von seiner Freundin Maria sowieso schon wieder vernachlässigt wegen politischer Arbeit und auch sonst – schlug dem Flüchtigen kurzerhand vor, dass er seinerseits nach Paris käme, um sich dort mit ihm zu treffen, alles auszudiskutieren, worauf sie gemeinsam, ruhig und abgeklärt, nach Basel zurückführen. Dann konnte der Man in Black sich der Polizei stellen, um alsbald in die Arme seiner Geliebten zu sinken, weil er ja frei war von jeglicher Schuld.

»Meinst du, das klappt auch so, wie wir uns das vorstellen, Fischer?«

»Sei beruhigt, Mendota, ich kenne den zuständigen Kriminalkommissär. Ein patenter Mensch, ein Vollprofi, sozusagen ein Polizist des Herzens, der sich der reinen und lauteren Wahrheit nie entgegenstellen würde.«

Fischer flunkerte einigermaßen, aber Mendota beendete das Gespräch, nicht ohne vorher Ort und Zeit eines Treffens in Paris durchzugeben. Dann fügte er noch hinzu, dass Fischer jetzt ziemlich geschwollen dahergeredet habe.

Der stand in der Buchhandlung und massierte sich die Schläfen. Ja, das waren die Typen, mit denen er zu tun hatte: Mongolen, fußballernde Bullen und Men in Black, Realitätsflüchtlinge, untergetauchte Mordverdächtige und deren Verfolger.

*

Kriminalkommissär Gsöllpointner hatte ungefähr 32 Notizzettel vor sich auf dem Schreibtisch liegen. Er mischte seine Hinweise wie ein Kartenspiel. Schafkopf oder Watten, das kannte er, diese Art des Zockens war ihm vertraut wegen seiner bayrischen Abstammung. Aber hierzulande spielte man einen Jass. Man jasste es genau genommen aus, das war schon zu einem geflügelten Wort geworden. Das Kartenspiel Jassen hatte in der Schweiz einen großen Stellenwert, einerseits war es eine Art Nationalsport, andrerseits war es eine einfache und gut einsichtige Versicherung schweizerischer Identität. Deswegen wurde das Jassen gerne auch im Staatsfernsehen gepflegt, um den Auftrag der Swissness zu erfüllen. Jassen also, ausgeübte Heimatkunde, an der Seele und am Herzen der einfachen Bevölkerung entlang zocken, landauf, landab, das nannte sich hierzulande »Service Public«. So hatte es ihm der elende Gscheidhuber, sein Fußballgenosse Fischer, dieser hüftlahme Goalgetter, einmal erklärt, in ebenso höhnischem wie jammervollem Tonfall. Er, Fischer, sei vor Jahrzehnten ein begnadeter Jasser gewesen, einst, als das Spiel noch unschuldig gewesen sei. Als man sich noch an der intellektuellen Anforderung habe freuen können und am solidarischen Zusammenwirken mit dem Mitspieler. Inzwischen sei das Spiel populistisch befrachtet und völlig ans Spektakel verkauft. Der Kommissär putzte sich aufwendig die Nase. Um was der Mann, dieser Fischer, sich immer Sorgen machen musste.

Bulle Roth verschob die Papiere auf seinem Schreibtisch. Er machte die Augen zu und stellte sich das alles als Jass vor. Allzu viele Trümpfe hielt er nicht in der Hand. Der Fall mit dem toten Karli war praktisch schon nicht mehr seine Angelegenheit. Blutrhein! Das Delikt wurde jetzt weiter oben verhandelt, er durfte nur noch nach Anweisungen ermitteln. Doch dort oben war man genauso erfolglos wie er hier unten.

Egal, für ihn war immer noch dieser Mendota, der Kumpel von Fischer, ein probater Verdächtiger. Der Kommissär konnte sich vorstellen, dass ein entzündbares Gemüt wegen Evangeline eine Dummheit machte. Aber der Mann war verschwunden, und Gsöllpointner ahnte, dass Fischer etwas darüber wusste. So war ausgerechnet der hüftlahme Hobbykicker der Trumpfbuur – so hieß das doch! – des Kommissärs gegenüber der Staatsanwaltschaft. Gsöllpointner lächelte müde. Diesen Mendota würde man früher oder später schnappen, das war klar. Ob er ein Mörder war oder nicht, herrje …

Sollten sich die da oben um dieses staatserschütternde Delikt kümmern. Er hatte ja noch den anderen Mordfall, diesen toten Hubert Hornfeld. Dass der und Burckhardt sich gekannt und eine kurze Zeit sogar zusammen gewohnt hatten, war offensichtlich von der Staatsanwaltschaft noch nicht zur Kenntnis genommen worden, sein diesbezüglicher Bericht vergammelte wohl auf einem dortigen Schreibtisch.

Der Kommissär dachte wieder an dieses komische

Mordinstrument. Nach Fischers Hinweis auf Friedrich Glauser hatte er sogar den Roman »Die Speiche« gelesen, obwohl auf dem hinteren Umschlag etwas von »soziales Feld« und »dichterischer Potenz« stand.

So ein Schmarren! Das verstand der Kommissär ganz und gar nicht. Was sich diese Buchmenschen nicht alles ausdachten! Na gut, das war deren Job. Im Gegensatz zur Polizei ging es bei diesen Leuten offenbar um Hinweise, die nicht sachdienlich waren. Geholfen hatte Gsöllpointner die Lektüre nicht. Das moderne Verbrechen war nicht so gemütlich und genügsam wie die Untaten anno dazumal. Und ein Kommissar wie der knorrige Glauser, na ja, der hätte heute so was von blitzartig Probleme mit den Vorgesetzten, mit der Staatsanwaltschaft, ja auch mit den Medien und der Öffentlichkeit.

Bulle Roth schob sein Hinweisspiel zusammen, weil sein Wachtmeister Britzig hereingestürmt kam. Der stellte ihm einen Kaffee im Kartonbecher hin und ein sogenanntes Silserli, eine Laugenstange, belegt mit totem Tier.

»Leberkäsesemmeln gab es leider nicht!« Britzig prustete los, als ob er den besten Witz der Welt erzählt habe.

Gsöllpointner wiegte resigniert den Kopf und grinste müde. Seit geraumer Zeit ging hier der Running Gag um, dass er als bayrischstämmiger Kriminaler nichts anderes essen würde als Brötchen, belegt mit Fleischkäse, wie das Produkt in diesem Lande hieß.

Von wegen Fleischkäse! Das, was es in der Schweiz gab, war nichts anderes als eine üble, verbrecherische Leberkäsfälschung, blass und kraftlos, fand Gsöllpointner. Schweizerisch halt!

Vorsichtig biss er in dieses Silserli. Das war ja zu erwarten gewesen. Die Essiggurke so dünn geschnitten, dass sie sich gleich um die Zunge wickelte. Und der Fleischkäse salzig, total überwürzt, wie übrigens auch die Weißwürste hierzulande. Verdammt noch mal, diese Eidgenossen hatten keine Ahnung vom Eigengeschmack einer Fleischware. Pfeffern, salzen und dann noch eine Ladung Gewürze drauf, genau so, wie es die Italiener mit ihrem lauwarm laschen Tomatenzeugsel immer machten.

»Ja, da gehst ma fei weida!«

Als Bindeglied zwischen dem Fleisch und dem Brötchen dann auch noch Mayonnaise, normalerweise ein Verbrechen gegenüber einem anständigen Leberkäs.

Er würde Britzig bestrafen müssen für dieses kulinarische Verbrechen. Das musste Folgen haben. Er würde den Wachtmeister zur Vollüberwachung von Fischer einsetzen. 24 Stunden durchgehend erlaubte das Arbeitsrecht leider nicht, aber Britzig sollte sich so richtig langweilen bei der Beobachtung Fischers. Er tat ja immer so, als wäre er der fitteste und böseste Kriminaler Mitteleuropas. Der Bad Cop schlechthin. Er hatte sich da einfach zu viel aus dem Fernsehen abgeguckt.

Außerdem musste Bulle Roth weiterhin Aktion vortäuschen und seine Leute beschäftigen. Der Pressesprecher der Basler Kriminalpolizei hatte gerade gestern im Lokalfernsehen genuschelt, dass der Fall Carl Felix Burckhardt kurz vor der Aufklärung stünde.

Ha, ha, ha. Der Kommissär trank einen Schluck des nicht gerade magenschonenden Kaffees und rieb sich das schlecht rasierte Kinn. Er brauchte Überlebende aus dieser Swami-Sri-Baba-Stiftung, vor allem die Ex-Frau von Hubert Hornfeld. Die Anfragen über die Grenze nach Deutschland und Frankreich hatten bis anhin keinerlei Erfolg gehabt. Da musste man vielleicht am Rande der Legalität, ungeachtet staatlicher Souveränitäten, herumschauen. Das war eine viel bessere und vielversprechende Aufgabe für Britzig, genau, den würde er auf die Suche nach dieser Frau ansetzen.

Der Fischer war als Fußballkumpel ein Loyalitätsproblem, den konnte er nicht dieser Nervensäge Britzig ausliefern. Zugleich hatte Gsöllpointner das sichere Gefühl, dass ebenjener Fischer demnächst den flüchtigen Mendota der Basler Polizei auf dem Silbertablett servieren würde.

ELF

Dreieinhalb Stunden hatte Fischer mit dem Train à Grande Vitesse von Basel bis Paris vor sich. Beim zweiten Halt, in der Senfstadt Dijon, waren viele Menschen in den Zug eingestiegen. Deswegen war es jetzt eng, alle Plätze waren besetzt. Fischer saß neben einer älteren Dame, die ihn viermal ängstlich fragte, ob das wirklich der TGV nach Paris sei. Er nickte großzügig und packte sein Schulfranzösisch aus, um Madame zu beruhigen. Endlich gab die Frau Ruhe. Der TGV schoss übers flache Land, und Fischer versuchte, es sich in dem engen Sitz bequem zu machen. Dann gähnte er. Ach, Paris! Plötzlich fiel ihm seine und Katharinas letzte Fahrt in die französische Hauptstadt ein. Es war schlussendlich ein gänzlich untauglicher Versuch gewesen, die bevorstehende Trennung zu verhindern oder wenigstens hinauszuschieben. Gerade in der alten Metropole hatte sich ihre prinzipielle Unterschiedlichkeit gezeigt. Unvereinbare Interessen. Keiner hatte nachgegeben und wenn, nur mit unlauteren Absichten. Ständige Reibereien, Gereiztheiten. Das Hotel war zu laut, das Kaufhaus zu groß gewesen. Der Hunger war ihnen vergangen, weil sie sich für kein Restaurant entscheiden konnten. Fischer hatte zu viel getrunken und Katharina zu wenig. Sie waren sich nicht einig gewesen, was sie zuerst ansehen wollten. Warum stundenlang herumlatschen? Warum nicht? Fährt man mit der Metro oder mit dem Bus? Geht man in die Opéra Garnier oder in die Opéra Bastille? Bitte keine Friedhofsbesuche! Bitte nicht jeden Kleiderladen im Marais abklappern! Bis sich die beiden plötzlich im Musée d'Orsay wiedergefunden hatten. Vor dessen Eingang hatte es keine allzu lange Schlange gegeben, das war fast wie ein Fingerzeig des Schicksals gewesen.

Fischer stöhnte auf, impressionistischer Kitsch. Katharina wurde klaustrophobisch, als das Museum dann doch voll mit Menschen war. Immerhin waren sie nun an einem Ort, wo sie beide nicht hingewollt hatten. Sie schlenderten durch den großzügigen ehemaligen Bahnhof, besichtigten die Kabäuschen in den Seitengängen und standen plötzlich vor dem Bild »Les raboteurs de parquet« von Gustave Caillebotte.

Fischer erschrak vor Freude, sein Herz drehte ein paar kurze schnelle Runden im Brustkorb. Er spürte, dass Katharina sich leicht an ihn lehnte. Das war großartig – das Bild selbstverständlich. Die Parkettabzieher. Das Gemälde zeigte zwei Arbeiter, die in einer Wohnung den Holzboden mit Hobeln so behandelten, dass es ein Parkett ergab. Fischer hatte das Bild Anfang der

1980er-Jahre zum ersten Mal gesehen, per Zufall, im Jeu de Paume, wo die Impressionisten früher hingen.

Mit wem war er damals in Paris gewesen? Das war einige Jahre vor der Beziehung mit Katharina gewesen. Die ganz wilden Zeiten. Da fuhr man wegen der Sisters of Mercy im Bains Douches schnell nach Paris. Genau, ein Kultclub voll mit Arschlöchern. Spuckende, kotzende Möchtegernrevolteure. Zum ersten, aber nicht zum letzten Mal schämte Fischer sich zu jener Zeit, ein Punk zu sein. Er war mit Mitte 20 eigentlich schon zu alt für solchen Unsinn und deswegen auch kein allzu konsequenter Anhänger dieser Attitüde. Er zerschnippelte auch nicht seine T-Shirts und erzählte nichts von »No Future«, weil er sich bewusst war, dass er in der reichen Schweiz lebte. Er hatte keine extravagante Frisur und keinen Irokesenschnitt, er hatte einfach kurze Haare und den obersten Hemdknopf immer geschlossen. Doch er wusste, dass mit dem Punk die gute alte künstlerische Avantgarde wieder ihr malträtiertes, aber eindrucksvolles Haupt gehoben hatte. In 25, 40 und 50 Jahren würden alle Steh- und Sitzpinkler in den Medien und Museen das Jubiläum feiern, ohne jede Ahnung von der Leidenschaftlichkeit und Elektrizität des Originals, dachte er.

Zu jener Zeit war Punk Lärm und Leidenschaft, Fieber und Filmriss, Anmaßung und Amnesie, Blutverlust und ein Gefühl der Gemeinsamkeit, des Zusammenseins, für was auch immer es nütze war. Ein Zusammensein ohne Strukturen, ohne Führer, ohne Besserwisser, ohne alles. Blanke Anarchie! Später würde Punk nur noch im Museum zu betrachten sein und als sentimentale Ressource für zu Spätgekommene dienen, da war er sicher.

Nun aber stand ein schon etwas altersgeläuterter Fischer ein paar Jahre später, in diesen schwierigen Zeiten mit Katharina, vor dem Gemälde von Caillebotte. Seine Noch-Frau legte plötzlich ihren Arm um seine Schulter und meinte: »Was für ein unglaublich schönes Bild.«

Er nickte und hielt ihre Hand. »Weißt du, das ist die Würde der menschlichen Arbeit, das ist die Wiederehrlichmachung der menschlichen Tätigkeit in ästhetischen Kategorien.«

»Ich verstehe fast nichts von dem, was du da brabbelst, Fischer, aber es klingt einigermaßen gut und ich glaube dir jedes Wort.«

»Es ist wirklich ein unglaublich schönes Bild, Katharina.«

Später, als sie weitergegangen waren, hatten sie gemeinsam über die quietschrosa Bilder von Renoir und die herumstolpernden Touristen geschnödet, diese Blinden und Banausen. Aber insgesamt war diese Reise nach Paris zur Beziehungsrettung eine mildere Katastrophe und gänzlich vergeblich gewesen.

Fischer war doch noch eingeschlafen, denn schon fuhr der TGV in den Gare de Lyon ein. Da wurde wie immer gebaut und gewerkelt, und die Menschenströme wurden zwischen den verschiedenen Hallen nur spärlich informiert hin und her geschickt. Fischer aber wusste genau, wo er hin musste. Mit der Metro sauste er unter einem guten Stück des östlichen Teils der Metropole hindurch und war nach einmal Umsteigen und gut 20 Minuten am Ziel seiner Reise, am Eingang zum Friedhof Père Lachaise.

Er war gespannt, ob Mendota wirklich auftauchen würde. Sie waren sich bei der Wahl des Treffpunktes in Paris nicht gleich einig geworden, und Fischer hatte aus einer Laune heraus den größten Friedhof der Stadt erwähnt. Mendota hatte aufgelacht, das passe ja besonders gut, sie beide seien auch nichts anderes als Leichen auf Urlaub. Und wo dort?

Bei der Mur des Fédérés, völlig klar, hatte Fischer sofort erwidert. Sicher nicht beim Grab von Jim Morrison, dem armen Drogentrottel.

*

Eduard Mendota hatte sich herausgeputzt, er trug einen schwarzen Leinenanzug von Auguste Vaillant, Wildlederschuhe von Emile Henry und einen leichten Homburger von Octave Mirbeau. Er wollte auch in einer seiner unsichersten Stunden etwas hermachen. Nervös rieb er seine Ohrläppchen, hüstelte und hoffte, dass Fischer vielleicht doch nicht auf ihn wartete. Ausgerechnet heute deprimierte ihn dieser Friedhof über alle Maßen. Sonst war das sein bevorzugtes Territorium. Vor allem die merkwürdigen Gemäuer mit Schließfächern und Schubladen für die Urnen, diese Bibliothek aus Asche rund um das Krematorium, faszinierte ihn normalerweise maßlos. Wer da alles lag, vom früheren Tour-de-France-Sieger bis zum anarchistischen Bauernführer der Ukraine nach der Russischen Revolution. Jetzt sah er nur eine Mauer mit Nischen, in denen sterbliche Überreste lagen. Der Tod machte ihn heute traurig, lähmte ihn. Gerade hier ruhten eine übermächtige Anzahl seiner verstorbenen Helden.

Die Mauer der Föderierten, wo ihn Fischer erwartete, lag im Südosten. Mendota schlich an den Denkmälern für die Opfer des Naziterrors vorbei und betrachtete den guten alten Louis Blanqui, wie er als gusseiserne Statue auf dem eigenen Grab lag, Blanqui, bei dessen Anblick jegliche Konterrevolution erbleicht war. Er ging am Grab von Jean-Baptiste Clément vorbei, jenem Komponisten des ergreifenden Chansons »Le temps des cerises«, das auf immer mit dem Aufstand der Pariser Kommune 1871 verbunden war.

Da sah er Fischer schon stehen. Auch dem alten Deppen liefen die Tränen herunter. Was für ein Anblick, als sich zwei ältere Herren im Anarcho-Chic tränenblind umarmten, ja befummelten und dann festhielten. Als ob der eine dem anderen der letzte Halt in der verfluchten, glücklosen Gegenwart wäre. Mendota hatte in weiser Voraussicht einen Flachmann mit ordentlichem Cognac dabei, aus dem sie beide wieder Kraft schöpften.

»Hör zu, Mendota, du weißt doch auch, dass du zurück nach Basel kommen musst. Es gibt keine andere Möglichkeit. Am besten fahren wir zusammen mit dem nächsten TGV los. Du willst doch nicht den Weg in den Untergrund nehmen, bewaffneter Kampf und so?«

Der Mann in Schwarz deutete auf die Mauer der Konföderierten und meinte, dass an diesem heiligen Ort der letzte Widerstand der Pariser Kommunarden im Mai 1871 gebrochen worden sei. Da könne er selbst wohl auch nachgeben, vor allem, da es ihn so sehr nach dem Zusammensein mit Evangeline gelüstete.

*

Fischer atmete auf. Seine hirnrissige Spontanreise nach Paris hatte sich tatsächlich gelohnt. Er würde mit Mendota zurückkehren, und Bulle Roth musste zufrieden sein. Nach gewissen Präliminarien würde der Kommissär dann den unschuldigen Man in Black schnellstens in die Freiheit entlassen.

Doch die Basler Kriminalpolizei und die Staatsanwaltschaft dachten gar nicht daran, Eduard Edi Mendota sofort auf freien Fuß zu setzen. Er wurde stattdessen »eingekastelt«, wie Kommissär Gsöllpointner in seinem alten Heimatdialekt sagte, wegen dringenden Tatverdachts. So hatte man wenigstens für den Fall des ermordeten Regierungsrats einen potenziellen Täter. Die Medien hatten jetzt viel zu schreiben, und das taten sie mit großer Lust.

Fischer sprühte vor Zorn, als er Bulle Roth endlich am Telefon erreichte. »Spinnst du eigentlich, Franz, ich hab Mendota gesagt, dass er sich stellen soll, weil er unschuldig ist. Und ihr sperrt ihn weg.«

»Er ist nach wie vor des Mordes verdächtig, er hat sich der Einvernahme durch die Polizei entzogen, ja was glaubst du eigentlich, Fischer? Und wenn du weiterhin den Privatdetektiv spielen willst, dann mach das bei einer Partie Cluedo mit deinen Kindern, aber nicht im wirklichen Leben.«

Der Discountdetektiv legte auf und sah aus dem Fenster auf den Hinterhof an der Mörsbergerstraße, wie ein Tagpfauenauge versuchte, auf einer der dünnstängeligen Sonnenblumen zu landen. Pardauz, knickte auch diese Blume um. So wie der Schmetterling kam sich Fischer gerade vor. Nein, eher wie das Sonnenblümchen. Na ja, wenigstens so ähnlich.

Bulle Roth war nun einmal ein Bulle. Ein Sturschädel. Der sah die Schnittstelle nur im Fußball, aber nicht im normalen Leben. Fischer spürte, dass den Karli und den Hubsi mehr verband als nur ein paar Jahre Zusammenleben in einer Wohngemeinschaft. Diese ganze Guru-Geschichte spielte auch eine Rolle. Wichtig war jetzt die Frau von Hubert Hornfeld. Die musste mehr wissen. Oder vielleicht auch dieser Goofy. Der hockte wohl immer noch im Fernen Osten, seine Kommentare zur Trainerwahl des FC Basel waren jedenfalls so dämlich und grammatikalisch falsch wie immer. Wobei, Fischer durchfuhr es heiß, hatte da nicht im letzten Kommentar im digitalen Sportteil der Boulevardzeitung gestanden: »Zurück in meiner Heimatstatt muss ich erfahren das mein geliebter FCB ein neuer Trainer hat …«?

Genau so war es da gestanden, mit allen grammatikalischen Fehlern, wenn Fischer sich nicht irrte. Hieß das etwa, dass Goofy in Basel war? Er klickte auf seinem MacBook Air herum, suchte nach der Seite im Sportteil. Tatsächlich stand da: »Zurück in meiner Heimatstatt … Goofy S.«

Fischer wunderte sich, dass der Mann »Goofy« richtig schreiben konnte. Aber die Frage war, wie trieb man diesen Typen auf, wenn er wirklich in Basel war? Wo wohnte er?

Sollte Fischer mit seinem halbgaren Verdacht zu Bulle Roth gehen? Nein, der hatte ihn bitter enttäuscht in der Causa Mendota. Er musste und würde diesen Goofy selbst finden. Bloß wie? Es bot sich nur der FC Basel an. Wenn der Typ so ein Fan war, dann ging er auch zum Spiel. Fischer brauchte ein Foto von Goofy. Vielleicht hatte Katharina so was in ihrer Abteilung Vergangenheit. Sie hatte sich einst, als sie noch zusammenlebten, sieben silberne Metallschachteln bei Ikea gekauft, diese sorgfältig mit »Vergangenheit« beschriftet und dort Fotos, Briefe, Kinderzeichnungen, Zeugnisse – ganz egal welcher Herkunft und strikt durcheinander – abgelegt. Es war durchaus möglich, dass darin auch ein Foto aus der alten Wohngemeinschaft lagerte, mit diesem Goofy drauf.

Fischer sah die sieben Metallschachteln im Geiste vor sich. Ein schweres Gefühl faltete ihn jäh zusammen. Das war typisch Katharina. So wurde man bei Frau Hammerschmidt klassifiziert und abgelegt, eingepackt und verschachtelt. Vergangenheit, was ist das? Die einzig passende Erkenntnis: Sie ist vorbei!

Falls er aber wirklich ein altes Foto von Ralph Schlatter aus diesen Metallschachteln erhielt, würde er Goofy auch mit diesem wohl kaum finden unter den 25.000 Fans, die der FC Basel normalerweise in seinem Stadion beherbergte. Das war kein Plan, der Erfolg versprach. Wahrscheinlich waren Bulle Roth und seine Schergen schon längst auf der Spur all der Bewohner dieser Wohngemeinschaft. Außerdem schreckte

Fischer davor zurück, seine Exfrau anzurufen. Dazu war er nicht in der Stimmung.

Er legte sich entmutigt auf seinen Futon. Heute ging er nicht in die Buchhandlung, die gewordene Mutter wollte wieder mehr arbeiten und Fischer musste dementsprechend reduzieren. Somit war er wieder ein verfügbarer Kandidat auf dem Arbeitsmarkt. Nur war er mit seinen Fähigkeiten und vor allem in seinem Alter schwer vermittelbar. Das machte Fischer nicht viel aus. »Ne travaillez jamais!« Das war sein Wahlspruch. Damit stieß er bei Maria und ihrem sozialdemokratischen Ethos auf eine gewisse Ablehnung. Auch Katharina hatte das nicht gut gefunden, aber so hatte sie ihre juristische Karriere vorantreiben können, während Fischer zu Hause auf Rebecca und Tim aufpasste. Fischer seufzte und drehte sich auf die andere Seite. Es juckte ihn an den Oberarmen. Wahlweise auch am Sack. Und sonst wo.

Wenigstens wurde er nicht von den Modernen Mongolen belästigt, wenn er heute nicht in der Aisthesis seine Arbeitskraft verkaufte. Doch Fischer kam nicht zur Ruhe. Die Hüfte hielt sich zwar zurück mit Schmerzen, aber das Jucken hörte nicht auf. Es überzog nun seinen ganzen Körper. Er drehte sich im Bett, warf sich herum, versuchte, den Juckreiz mit starken Gedanken zu bändigen. Dann schubberte er den schrundigen Schädel an der Raufasertapete. Er legte sich kerzengerade hin, völlig bedeckt vom Duvet. Kurz kein Kribbeln. Aber sofort ging alles wieder von vorne los. Seine Haut quälte ihn absichtlich. Es zuckte und zitterte in seinem Körper. Es schien ihm gar, dass er am Restless-Leg-Syndrom litt, so schlackerten plötzlich seine Knie.

Schließlich stand er entnervt auf und setzte sich an den Küchentisch. Dort ging es ihm besser. Dort hatte er die Gratisanzeiger und sonstigen Blätter, die in der Stadt Basel unter dem Vorwand der Information und Meinungsbildung erschienen, sorgfältig auf einem Haufen gestapelt. Selbstverständlich waren diese Papierbündel nichts anderes als Reklame und Propaganda, aber er sah sich diese sogenannten Medienerzeugnisse an und las aufmerksam. Dabei stellte er fest, dass überall von den segensreichen städtebaulichen Maßnahmen der Heuslerpharm die Rede war. Dass die Hochhäuser des Chemiegiganten endlich die verdichtete Nutzung des knappen Stadtbodens verwirklichten, dass die Wyhlerstraße, an welcher der Chemieriese vor allem baute, danach zu einem Schmuckstück, ja einer grünen Meile werden würde.

Fischer kratzte sich an den Oberarmen und schüttelte den Kopf. Denselben, dachte er, mussten diverse Kreise dieser Stadt aus dem Arsch von Heuslerpharm nehmen.

Plötzlich kam ihm eine Idee bezüglich Kontaktaufnahme mit diesem Goofy. Er würde versuchen, via Internetkommentar mit ihm ins Gespräch zu kommen. Er würde sich einschleimen, ihm bezüglich seiner Aussagen über die Personalentscheidungen des Fußballclubs recht geben, einerseits den FC Basel hochloben, andrerseits den neuen Trainer verdammen und dann ein Treffen beim nächsten Testspiel im Stadion vorschlagen. Etwas in dieser Richtung. Das konnte klappen. Oder etwa nicht?

Apropos Fußball. Fischer sah bei Doodle nach, wer sich für den nächsten Mittwoch angemeldet hatte. Zum Glück war Bulle Roth ausgetragen, da konnte er also beruhigt hingehen. Der Kommissär hatte ihm das Kraut ausgeschüttet. Fischer hatte diesen schönen Ausdruck aus dem Sprachgebrauch von Gsöllpointner, also aus dem Bayrischen übernommen. Das bedeutete, dass einer einen anderen schwer enttäuscht hatte. So wie der ungläubige Bulle Roth ihn. Hoffentlich machten dem die Vorgesetzten bei der Kripo die Hölle heiß, wenn sich herausstellte, dass Mendota ungefähr so schuldig wie ein neugeborenes Lämmchen war.

ZWÖLF

Ralph Goofy Schlatter war erstaunt, dass er es unversehrt und lebendig ins Basler Kantonsspital geschafft hatte. Wieder und wieder hatte er den Stich in seinem Rücken gespürt, akkurat zwischen die Schulterblätter. Etwa als dieser grob gewachsene, undurchsichtige Typ an der Haltestelle Schützenhaus in die Trambahn Nummer 8 eingestiegen war und sich prompt schief lächelnd neben ihn gesetzt hatte. Goofy hielt die Tasche mit seinen Ausweisen und Effekten auf dem Schoß umklammert und stierte wild vor sich hin. Er war überzeugt, dass dieser Mensch neben ihm ein Auftragskiller aus dem Osten oder dem Süden war und dass der Zweck seiner Tramfahrt nur darin bestand, ihn umzubringen. Doch am Barfüßerplatz stieg der Grobschlacht aus, ohne den geringsten Versuch unternommen zu haben, Ralph Schlatter von den Lebenden zu den Toten zu befördern. Vielleicht hatte das mörderische Lächeln des Menschen seine Ursache darin, dass sie beide einen FC-Basel-Fanschal trugen. Das Grinsen des Mannes sollte möglicherweise nur Sympathie signalisieren, aber so weit blickte Goofy in seiner hochbrandenden Paranoia nicht.

Er fuhr durch die Innenstadt, in der sich die Menschen fröhlich drängelten und so taten, als könnten sie sich all das teure Zeug in den Schaufenstern der Läden und Boutiquen auch leisten. Schlussendlich gelangte er doch mehr oder weniger lebendig ins Kantonsspital, wo er sich längeren und peinigenden Untersuchungen unterzog. In drei, vier Tagen würde er Bescheid bekommen, ob etwas Gravierendes vorläge. Goofy stellte sich nur das Schlimmste vor, doch die flott frisierten Assistenzärzte, die ihn untersuchten, lächelten einander nur mitleidig und wissend zu, als er seinen konstanten Schleimauswurf, die öfters auftretende Atemnot, die kolikartigen Schmerzen im Bauch und anderes vorbrachte. Verschämt fragte er nach SARS und MERS als mögliche Erkrankung.

Einer der beiden Schnösel, der immerhin kurz interessiert aufgehorcht hatte, als Goofy erzählte, dass er in Thailand leben würde, meinte nun, dass es wohl eine einfache Grippe von seinem Flug her sei.

Außer es seien bei einem Zwischenhalt in Saudi-Arabien eine Schar Fledermäuse eingestiegen. Dann wäre MERS immerhin möglich. Die beiden Assistenzschnösel lachten unverschämt und laut, und Goofy hustete gehorsam zu dieser Diagnose.

MERS, das hatte Sabine erwähnt, diese neue Krankheit, so ein Virusdreck aus dem Mittleren Osten. Schwere Erkrankung der Atemwege, akutes Nierenversagen. SARS war auch so eine Sache, eine atypische Lungenentzündung. Goofy hatte sich im Internet schlaugemacht und selbstverständlich alle Symptome sofort und vollumfänglich bei sich gefunden. Wenn er eines dieser Syndrome wirklich hatte, dann gute Nacht. Eigentlich war es auch egal, aber er musste jetzt, falls ihm nicht mehr viel Zeit blieb, endlich seinen Sohn in die Arme schließen. Fast zwei Jahrzehnte hatte Goofy sich vorgestellt, wie sein Kind aufwuchs, wie er im perfekten Maße groß, gescheit, schön und kräftig wurde, während er in Thailand saß und sich die honigmilde Morgenbrise um die Krampfadern streichen ließ. Er hatte es immerhin zu einem Kind, zu eigenem Blut, zu einem Stammhalter, einer Stütze seines Alters gebracht, und das fühlte sich je länger umso besser an.

Als Hubert ihn wegen Karlis Tod hierhergerufen hatte, war ihm das alles noch nicht so klar gewesen. Goofy hatte sich nicht lange gefragt, warum er nach Basel kommen musste; wenn Hubert rief, folgte man besser. Jetzt aber, da das alte Arschloch endlich tot war, Krishna segne seinen Mörder, jetzt also wollte Goofy seinen Sohn sofort sehen. Doch Sabines sparsames Gehabe hatte ihn gleich wieder gebremst. Sie war nicht sehr freundlich am Telefon gewesen.

»Das ist keine gute Idee. Weißt du, Goofy, Darshan ist nicht so ein einfacher Typ. Der hatte extreme Probleme in der Schule. So mit 13, 14 Jahren hat es bei ihm angefangen. Ein schwer erziehbarer Junge. Er war dann auch noch im Internat. Ich hab dir das doch nach Thailand geschrieben. Im Moment ist er unterwegs, wie er selbst immer sagt, er meldet sich eher selten, weißt du. Nur manchmal ist er bei mir, und natürlich hab ich ziemlich Angst um ihn.«

»Eben, er ist doch auch in Gefahr, wenn Karli und Hubert ermordet worden sind.«

»Darshan hat nichts mit den Geschäften zu tun.«

»Mein Gott, Sabine, dann hast du die beiden umgebracht!«

»Spinnst du eigentlich, Goofy?«

*

Fischer lag mehr oder weniger schon wieder, aber er machte dabei erbittert seine Bauchmuskelübungen und das gesamte Rückenentlastungsprogramm, das ihm seine Tochter Rebecca aufgetragen hatte. Sie waren zusammen Mittagessen gewesen, in einem dieser selbstgebastelten Zwischennutzungsrestaurants auf einer Brache im Basler Rheinhafen. Die Sonne hatte schmal hinter den Wolken hervorgeschaut, so als ob sie zuerst ihr Publikum kontrollieren wollte, ob es sich überhaupt rentierte, die goldenen Strahlen zu versenden und zu verschwenden. Aber schließlich waren die dunklen Wolkenbänke doch ein bisschen in sich zusammengesunken, und Fischer und Rebecca waren an grob zusammengezimmerten Holztischen gesessen und hatten sonnenumglänzt ein einfaches Menü genossen.

Er war stolz auf seine schöne Tochter, auch wenn sie angefangen hatte, Jura zu studieren. Doch auch das konnte von Vorteil sein. Fischer träumte schon davon, dass er in Zukunft sämtliche Auseinandersetzungen mit der feindlichen Umwelt an einen gewitzten Rechtsbeistand delegieren konnte, nämlich an seine Tochter.

»Das erledigt meine Anwältin«, würde er sagen. Oder noch besser: »Halten Sie Ihren Mund, Sie Evolutionsirrtum, sonst hetze ich Ihnen meine Anwältin auf den Hals.« Im Laufe des Essens hatte er Rebecca von seinen Hüftschmerzen erzählt und sofort einen Vortrag über Pilates und ähnlich Schwerverdauliches erhalten. Er müsse auf seinen Körper achten. Der sei schließlich das Gefäß des Geistes. Und er solle endlich mit dem ungesunden Fußballspielen aufhören. Schon hatte er ein paar Übungen erklärt gekriegt, die seiner Hüfte wie auch dem Rücken und auch allgemein guttäten.

Fischer seufzte, drehte sich auf den Rücken, hob und schob das Gesäß Richtung Fersen, als das Telefon läutete.

Faller sprudelte gleich über. Warum er, Fischer, denn nicht in der Buchhandlung arbeite? Dort sei jetzt eine Dame tätig, der jegliches Einfühlungsvermögen und sämtlicher Sachverstand gegenüber der Kundschaft abgehe.

Fischer schmunzelte. Die spröde Buchhändlerin hatte keinen Drink springen lassen. Das disqualifizierte sie in Fallers alten Augen vollständig.

Der Exprofessor sprudelte weiter. Die Lokalpresse sei gleich begeistert angesprungen, was die Mongolen über Basel betreffe. Ob er den Artikel in diesem Gratisblatt, der Rheinzeitung, gesehen habe? Hatte Fischer nicht! Erste Mitglieder hätten sich sofort gemeldet, durchaus überschwänglich, es sei eine feine und stolze Liste. Die Mongolen seien offensichtlich ein Bedürfnis. Ob er, Fischer, sich das Verzeichnis der allerersten Kämpfer ansehen möchte. Er würde sie ihm in einer Stunde beim Mittagessen im Restaurant Kunsthalle zeigen, er sei selbstverständlich eingeladen.

Um die Mittagszeit radelte Fischer also über die

neuerdings verkehrsberuhigte Mittlere Brücke und durch die Einkaufsmeile dorthin. Die Beiz lag in der Nähe des Theaters, folglich des Ortes, wo Carl Felix Burckhardt das Zeitliche gesegnet hatte. Fischer stellte das Fahrrad beim Tinguely-Brunnen hin, der eher ein Teich war, in dem sich die Figuren des Schrottkünstlers fröhlich bewegten und zur Freude der Touristen und ihrer Kinder Wasser verspritzten.

Faller saß schon im sogenannten »Schluuch«, im braunen und billigen Teil des Restaurants, und hatte ein Glas Tee vor sich stehen. Er winkte Fischer verstohlen zu, der sich, irritiert ob des Tees, dann aber extra laut grüßend zum Exprofessor setzte.

In der Kunsthalle wirbelte wie immer allerhand Basler Viertelprominenz umher. Fischer durfte sogar zweimal schwach winken, weil er jemand kannte. Die Wandgemälde des »Schluuch« waren frisch restauriert, und auch die Kellner sahen für einmal nicht so aus wie die Opfer harter Drogen.

Faller kam gleich zur Sache. Zack bumm, das seien die ersten Anmeldungen für die Modernen Mongolen. Er schob drei Blätter, Computerausdrucke, zu Fischer hinüber. Der nahm das Papier und las aufmerksam. Zuerst ein hübsches Programm: Rettung der Stadt Basel vor den Auswüchsen des internationalen Finanzkapitalismus. Keinen Schrittbreit Boden dem Neoliberalismus. Rückbesinnung auf die humanistische Tradition. Erziehung, Wissenschaft und Kultur sind unsere wichtigsten Ressourcen. Sauber! Das klang sehr gut, das hatte ja auch er geschrieben. Faller hatte alles fröhlich abgenickt. Auf diese Programmpunkte hin hatten sich auf den nächsten beiden Seiten tatsächlich schon diverse Menschen als Sympathisanten angemeldet.

Da standen aber auch eindeutig Namen, die sich Scherzkekse ausgedacht hatten und die Mongolen des alten Faller verarschen wollten: Ferenc Knitter zum Beispiel oder Karl Ove Knausgård. Ersterer war eine sublime Romanfigur des großartigen deutschen Schriftstellers Eckhard Henscheid, der andere, na ja, es war nicht anzunehmen, dass der zerknitterte Norweger sich für Basels Mongolen interessierte. Oder doch?

Fischer hätte nur zu gerne gewusst, wer sich denn als Ferenc Knitter angemeldet hatte, aber er las weiter und erschrak. Da stand auch der Name Ralph Goofy Schlatter, genau so geschrieben. Und eine E-Mail-Adresse dazu.

»Na, was sagen Sie, Fischer, das haut auch so einen abgebrühten Kämpfer wider das Böse wie Sie aus den Socken, oder? Das begeistert einen doch sofort, diese Bereitschaft, etwas zu erreichen, etwas zu ändern in unserer lieben Stadt!« Der Alte schnappte sich die drei Blätter wieder, und ein seliges Lächeln überzog sein Gesicht.

Fischer wusste, was er zu tun hatte. »Sie haben recht, Herr Professor, wir müssen sofort ein Treffen aller Interessierten veranstalten. Wir müssen uns besser heute als morgen organisieren. Als Kampfgemeinschaft, als Verein. Der Name steht. Das Programm auch, und die vereinsrechtlichen Statuten kann ich noch heute verfassen.«

Faller strahlte wie ein Maikäfer über den Tisch. »Ihre Begeisterung überrascht mich fast ein bisschen, Fischer, aber wenn Sie es so sagen, dann auf geht's! Ich besorge einen Saal, übermorgen Abend, Stadtmitte. ›Zunfthaus zum Elefanten‹. Sie kommen mit den Statuten und dem nötigen Wahlprozedere für einen aktiven Verein. Ich gestehe, dass ich ganz und gar glücklich bin! Hier, nehmen Sie die Anmeldungen, Fischer, und rufen Sie zur Zusammenkunft, zum großen Potlatch auf.«

Sie aßen das vorzügliche Tagesmenü und unterhielten sich eingehend über Temudschin und Börte, über Ögedei und Tschagatai und die zweifelhafte welthistorische Rolle von Batu Khan. Der Althistoriker empfahl Fischer die Romantrilogie von Wassili Jan über den Mongolensturm, die zwar schon 1939 erschienen, aber nach wie vor die authentischste Geschichte des großen Dschingis Khan und ein großes Lesevergnügen sei.

Nach dem Mahl orderte der Exprofessor mit einer flinken Handbewegung zwei Alpenkräuterbitter, stürzte seinen in Rekordzeit hinunter und bestellte gleich noch mal eine doppelte Ladung. Dann stieß er wie eine alte Staubpfeife mit allerletztem Atem aus: »Move, Mongols, move!«

Fischer wäre beim Aufschließen seines Fahrrads fast vornüber in den Tinguely-Teich gefallen. In letzter Not fing er sich und blickte verschämt um sich. Er zischte ein harmloses Touristenkind an, das sich neben ihm an den Fontänen erfreute, und schämte sich kurz darauf gar sehr. Er schob das Fahrrad den Steinenberg hoch und ließ sich schließlich über die gegen Norden abfallende Wettsteinbrücke zurück ins mindere Basel treiben. Dabei sang er betont misstönend verschiedene Varianten einer möglichen Vereinshymne: »Go, Mongols, go, do the crazy handjive!« oder »Mongoloid, he was a mongoloid, happier than you and me!« und ähnlichen Schwachsinn. Dazwischen brüllte er in den Fahrtwind: »I got you, Goofy Schlatter, I got you, Babe!«

DREIZEHN

Franz Gsöllpointner saß wieder einmal am heimischen Mittagstisch und säbelte an einem Leberplätzli herum, mit dessen Konsistenz wohl auch die gut bezahnte Familienkatze ihre liebe Mühe gehabt hätte. Wütend hackte Bulle Roth auf das Stück Innerei ein und dachte dabei, dass es vielleicht doch keine so schlechte Idee war, Veganer zu werden wie sein jüngster Sohn. Seine Frau sah ihn sorgenvoll an über den Tisch und meinte nur: »Leber wird hart, wenn sie ein bisschen zu lange in der Pfanne liegt und nicht rechtzeitig gegessen wird.«

Gsöllpointner riss sich zusammen. Er war über eine Stunde zu spät gekommen. Wegen dieses Anwalts. Wegen dieser Schnalle. Wegen überhaupt des ganzen Basler Beziehungskonstrukts, dieses Teigs, dieser quabbligen Verklebung untereinander, dieser gegenseitigen Hilfsorganisation, mit der sich die Alteingesessenen und Reichen dieser Stadt schützten. Evangeline Burckhardt war dahergeschwebt, mit einem Anwalt, notabene von einer der besten Kanzleien der

Stadt. Eduard Mendota werde zu Unrecht festgehalten, es gebe keinerlei Beweise. Gsöllpointner hatte sie nach weiter oben verwiesen, zum Leitenden, wo der Tötungsfall Carl Felix Burckhardt jetzt verhandelt wurde. Er glaubte ja auch nicht mehr an die Schuld dieser schwarzen Krähe, aber immerhin war Mendotas Ergreifung ein Fahndungserfolg der Basler Kripo, auch wenn es eigentlich die Nervensäge Fischer gewesen war, die ihn angeschleppt hatte.

Nach beiderseitigen Drohgebärden war der Anwalt wieder abgehauen und Evangeline davongeschwebt. Seither hatte Franz Gsöllpointner einen Knoten im Magen.

Und kaum gab es mit diesem Mendota keinen einigermaßen vernünftigen Verdächtigen mehr, da stand er, Bulle Roth, wieder mitten im Kreuzfeuer. Oder im Regen. Oder im Hagel. Im Shitstorm. Jetzt wurde er von oben runter abgefackelt, von diesen geprellten Siedlern, die sich sonst immer schön raushielten aus der täglichen Drecksarbeit.

Logisch, denn momentan lag viel Druck auf der Führung des Polizeikorps Basel. Es ging gerade nicht nur um die ungelösten Mordfälle, sondern auch um die Papptelleraffäre!

Gsöllpointner schaffte es, ein ordentliches Stück Leber abzusäbeln. Wenn man es gut kaute, schmeckte es herbsanft fleischig und nach Salbei. Prima!

Ach ja, die Papptelleraffäre! Im Rahmen der Internationalen Kunstmesse Art des letzten Jahres hatte ein Künstlerkollektiv eine Performance auf dem Vorplatz der Messe aufführen wollen. An und für sich eine harmlose Sache. Die Aktion, an der auch ein Leiter der Basler Schule für Gestaltung teilgenommen hatte, sollte an einen reichlich ungeschickten Großeinsatz der Basler Polizei im Jahr zuvor erinnern. Damals hatte ein japanischer Künstler vor der Messehalle ein paar schicke Hütten aufgebaut, genannt Favela-Café, wo sich die müden Messebesucher gepflegt ausruhen konnten. Diese nicht angemessene und geschmacklose Performance vor einer millionen- wenn nicht gar milliardenschweren Kunstmesse war ein paar Basler Aktivisten übel aufgestoßen, die dann eigene Hütten ans Kunstobjekt angebaut und in der eigenen Favela immerhin eine Bar und viel Betrieb hatten. Das hatten wiederum die Ordnungskräfte nicht so gern gesehen und waren massiv eingeschritten.

An diesen Polizeieinsatz und die Rolle der Kunst hatte diese Aktion beziehungsweise künstlerische Intervention erinnern sollen. Die Ordnungskräfte hatten jedoch frühzeitig Wind bekommen und waren bereitgestanden, um dies mit allen Mitteln zu verhindern, damit die Besucher der Kunstmesse Art nicht wieder in ihrer millionenschweren Kontemplation und Konsumbereitschaft gestört wurden. Schlussendlich hatten ein paar Kunststudenten weiße Pappteller herumgeschleudert, als sie die einsatzbereite Polizei auf dem Messeplatz gesehen hatten.

Deswegen waren über 30 Personen, auch unbeteiligte Passanten, vorsorglich und willkürlich einkassiert und abgeführt worden. Die Festgenommenen waren auf einen Polizeiposten gebracht worden. Dort hatten sie sich unter anderem nackt ausziehen müssen und waren angezeigt worden. Die öffentliche Empörung daraufhin war groß gewesen, und ein Polizeihauptmann hatte seinen Kopf für diese äußerst ungeschickte Aktion der Ordnungskräfte hinhalten müssen. Dabei hatte doch jede und jeder gewusst, dass der Polizeikommandant und sogar der zuständige Regierungsrat über alles informiert gewesen waren, für einen harten Einsatz plädiert und diesen sogar beobachtet hatten.

Jetzt, über ein Jahr nach dem Geschehen, war der subalterne Sündenbock, jener Polizeihauptmann, vor Gericht freigesprochen worden, worauf der Anwalt als Vertreter von 19 der damals Verhafteten verlangte, dass doch auch noch der Polizeikommandant als Mitwisser und Beobachter des Einsatzes vor Gericht erscheinen müsse. Die erneut drohende Anklage machte die oberen Etagen sichtlich nervös. Und die Rangniedrigeren bei der Polizei regten sich mächtig auf.

Wachtmeister Britzig lief herum wie ein anarchistischer Bombenleger und gab mit hohler Stimme von sich, dass man wieder einen der ihren, einen von unten, geopfert habe und dass das Folgen haben werde. Gsöllpointner hatte vergeblich versucht, ihn zu beruhigen. Wenn Britzigs unqualifizierte Behauptungen beispielsweise an die Presse kamen, dann war erst recht Feuer im Gebäude. Ihm war diese Affäre im Großen und Ganzen ziemlich wurst, aber er wollte nicht, dass sich einer seiner Jungs dabei ins Elend ritt. Das war doch immer so mit diesen Charaktermasken ganz oben. Die reichten einfach die Schuld nach unten durch.

Gsöllpointner musste sich jetzt vor allem auf den zweiten Toten konzentrieren. Auf diesen Hubert Hornfeld. »Ein Totenbett im Kornfeld«. Bulle Roth musste lachen und spuckte ein bisschen harte Kalbsleber im gepflegten Esszimmer herum. Seine Frau sah ihn tadelnd an und lachte dann aber auch.

»Franz, ich hab dir doch damals gesagt, dass wir lieber nach Honolulu auswandern sollten, wo du als Beachguard deinen Lebensunterhalt verdient hättest. Aber du wolltest dich ja unbedingt in Basel niederlassen und Karriere machen. Hier macht niemand Karriere, der nicht von vornherein das richtige Umfeld oder mindestens die richtigen Beziehungen hat. Hier schafft es keiner nach oben, wenn er nicht die richtige Protektion hat, wenn er nicht in der richtigen Fasnachtsclique oder Zunft ist oder aus der richtigen Familie stammt. Das ist alles schon längst ausgejasst, wer hier was ist und was werden kann, wer hier was zu sagen hat.«

»Ich weiß es ja, Rita, außerdem habe ich nicht die persönlichen Voraussetzungen für eine klassische Schweizer Karriere, ich lache zu laut und fluche zu viel.

Das mögen sie nicht, diese Figuren in den oberen, aber auch unteren Etagen, die gehen alle zum Lachen in den Keller. Kein Streit, keine Diskussion, immer freundlich und höflich, wenigstens vorneherum. Aber jeder Satz, den die absondern, fängt an mit: ›Ich möchte ja nichts Böses sagen, aber …‹ Ich hab mal versehentlich verlauten lassen, dass ich dieses Militärmusikfestival Tattoo mitten in der Stadt, auf dem Kasernenareal, am völlig falschen Platz finde. Dass es logistisch und für die Ordnung viel einfacher wäre, wenn das woanders stattfinden würde. Na ja, das wurde mir gleich als Beleidigung und Verrat am allgemeinbaslerischen Wesen oder Unwesen ausgelegt. Verstehst du, was ich meine?«

Bulle Roths Frau legte ihre Hand auf den Oberarm ihres Mannes und drückte ihn. »Mein armer Franz! Ich hab da übrigens in so einem Gratisblättchen etwas gelesen, das könnte eine Sache für dich sein. Da gibt es seit Neuestem eine Vereinigung, die sich ›Moderne Mongolen‹ nennt und Basel ein bisschen umkrempeln will, gegen die Großkopfeten, wie du immer so schön sagst. Die wollen dieses, na, wie haben die das geschrieben, ›eingerostete System‹ oder so aufmischen. Das klingt doch ganz nach deinem Geschmack, oder was meinst du?«

Gsöllpointner lachte und war drauf und dran, sich noch einmal in seine Frau zu verlieben. Wenn er, Herrgottsackelzement, nur ein bisschen mehr Zeit und Muße dazu hätte. Dann fiel ihm ein, dass dieser

Mendota damals unter den Verhafteten vom Messeplatz gewesen war. Genau, deswegen konnte er sich auch so gut an Mendota erinnern. Der kleine schwarze Mistkerl, der miserablige! Aber ein Mörder war er wohl leider nicht!

*

Schamil Sadulajew war ein Mensch, der seinen Beruf ernst nahm. Er bezeichnete sich als Profi und deshalb wollte er auch stets als solcher agieren. Er mochte die laute Art nicht, die manche Kollegen in seinem Metier an sich hatten. Badabumm geht die Bombe hoch und reißt alles, was sich in der Nähe befindet, in den Tod. Ballerballer, ein ganzes Magazin aus der Tommy Gun ins Opfer und die Umstehenden geleert, da wird sicher keiner mehr aufstehen und sich an das Gesicht des Mordschützen erinnern. Genau das war nicht die Art von Schamil Sadulajew. Aber er war keineswegs ein Träumer oder gar ein Weichling. Er war vielmehr ein Nahkämpfer, ein präzise aufs Ziel ausgerichteter Terminator. Dabei ein Künstler. Es brauchte Kreativität und Timing, aber schon auch Gewalt und Kraft und Kaltblütigkeit bei seiner Art, einen Job zu erledigen.

Schamil stammte aus der Stadt Grosny in der autonomen Sowjetrepublik Tschetschenien. Dort war er 1985 in eine bürgerliche, gutsituierte Familie hineingeboren worden. Bei ihm zu Hause wurden die Thora, der Koran und die Bibel gleichermaßen gelesen und geehrt. Der Vater, Lehrer an einer Oberschule, bestand darauf, dass seine Söhne sich bildeten, um sich zwischen allen Feuern frei bewegen zu können. Aber bald war der Koran die bestimmende Schrift im Lande, und während des Zweiten Tschetschenienkriegs geriet Schamils Mutter in ein Feuergefecht auf einem Markt in Grosny und wurde getötet. Sein Vater saß zu jener Zeit mit einer windigen Anklage wegen

Vorbereitung zum Terrorismus am Hals in einem russischen Untersuchungsgefängnis. Dem 15-jährigen Schamil gelang die Flucht nach Aserbaidschan und von dort aus in den Westen. Sein älterer Bruder war Rache schwörend in den islamistischen Untergrund verschwunden, was Schamil nun überhaupt nicht verstehen konnte, denn für ihn waren die Koranbrüder schuld an all den Tragödien, die über seine Familie hereingebrochen waren.

Er lebte nun schon längere Zeit in Deutschland, unter dem Schutz einer besonderen Familie, die für ihn sorgte und ihm Arbeit verschaffte. Da las man zwar weder Koran, Thora noch Bibel, aber egal, er hatte ein Auskommen, Schutz und mittlerweile viele Namen und Nationalitäten.

Er killte die Leute gerne mit einer Nadel, mit einem spitzen Eisenstab. Er hatte davon gelesen, dass der italienische Hilfsarbeiter und Anarchist Luigi Lucheni im Jahre 1898 die Kaiserin Elisabeth von Österreich-Ungarn, bekannt als Sissi, in Genf erstochen hatte. Für eine Pistole oder einen ordentlichen Dolch hatte der mausarme Prolet kein Geld gehabt, bloß für eine Feile. Lucheni war der, nach Einschätzung von Schamil, durchaus vernünftigen Ansicht gewesen, dass Monarchen und der Adel nur lästige Parasiten der Gesellschaft waren, also hatte er sein politisches Attentat mit der angespitzten Feile durchgeführt. Tatsächlich war die Wunde zuerst unbemerkt geblieben, die Lucheni der Kaiserin zugefügt hatte, doch der Anarchist war so stolz auf sein Attentat gewesen, dass er gar nicht zu fliehen versucht und sich widerstandslos hatte festnehmen lassen.

Schamil hätte auch mit Pistole, Dolch, Drahtschlinge oder was auch immer Mörderischem seine Aufträge ausführen können, doch diese spitze Feile faszinierte ihn. Schließlich hatte er dann noch von einem Schweizer Kriminalschriftsteller gehört, der in einem seiner Romane eine angespitzte Speiche mit Holzgriff als Mordwaffe verwenden ließ. Das hatte Schamil gleich noch besser gefallen. Eine an und für sich todsichere Sache, wenn man nur nahe genug an das Opfer herankam. Aber der Stich musste sitzen, es brauchte Geschick und manchmal auch Kraft, um an den Rippenknochen vorbeizukommen. Von hinten, unter dem Schulterblatt durch ins Herz, so gelang das am besten.

Skrupel oder moralische Bedenken waren Schamil fremd. Die konnte er sich nicht leisten. Aber er las tatsächlich weiterhin in Bibel, Koran oder Thora und machte sich so seine Gedanken, warum auch andere Menschen so wenig die weisen Ratschläge dieser Bücher befolgten. Moral konnten sich möglicherweise die empfindsamen reichen Westeuropäer mit ihren Rentensparverträgen und ihren Eigentumswohnungen leisten – zumindest behaupteten sie, ethisch und verantwortlich zu handeln. Doch Schamil las immer wieder in der Zeitung, wie verständnislos und brutal ablehnend solche Leute den

Flüchtlingsströmen aus dem Süden und dem Osten gegenüberstanden. Ja, was meinten diese gut genährten, zufriedenen Westeuropäer eigentlich? Wunderten diese Leute sich, dass es Menschen gab, die auch gerne haben wollten, was sie schon hatten?

Waren denn nicht zum Beispiel die heute so reichen Schweizer im 19. Jahrhundert verarmt und wirr vor Sehnsucht nach einem neuen Leben nach Amerika geflüchtet. Etwa diese Tessiner aus der heute vom Tourismus verwöhnten Sonnenstube, denen damals eine einzige Esskastanien-Missernte den Hungertod bescherte und die ihre Kinder als Kaminfegerlein ins reiche italienische Mailand verkauften. Niemand hatte diese Tessiner als Flüchtlinge und Auswanderer zurückgejagt, ins Meer gestoßen oder in Lager gebracht. Schamil kannte sich aus, er hatte viel darüber gelesen. Er wollte wissen, was lief, er nahm teil am internationalen Leben. Mit der Moral war es da wirklich nicht besonders weit her.

Jetzt stand noch der Auftrag an, diese Frau zu eliminieren. Der Kunde hatte dem Boss zwei Adressen gegeben, wo die Zielperson wohnte, eine in der Stadt Basel, eine im Elsass, nur wenige Kilometer von der Schweizer Grenze entfernt. Der Auftrag eilte mittlerweile, denn Schamil hatte den Job um ein paar Tage verschieben müssen. In Basel war sein potenzielles Opfer nicht aufzufinden gewesen, also hatte er die Stadt in Richtung Südwesten durchquert, um auf ländlichen Nebenwegen über die Grenze nach Frankreich zur zweiten Adresse zu fahren. Wegen der komplizierten Grenzziehung war Schamil ein bisschen in die Irre und plötzlich wieder auf helvetischen Boden geraten. Prompt hatte ihn eine mobile Kontrolle der Schweizer Grenzpolizei angehalten. Misstrauische Herren, die Schamil mit zusammengezogenen Augenbrauen musterten, auch wenn er nichts zu verzollen im Auto hatte und die spitze Speiche gut versteckt war. Schamils Deutsch hatte immer noch einen slawischen Unterton. Einer der beiden Grenzwächter war hinten ums Auto herumgegangen und hatte sich das Kennzeichen notiert. Also war Schamil so schnell wie möglich zurück nach Deutschland gefahren, übrigens ohne weitere Störung durch Zöllner, und hatte sich ein paar Tage bedeckt gehalten, um Gras über die Sache wachsen zu lassen.

Der erste Mord war ohne Probleme abgelaufen. Er hatte diesen Basler Politiker, den er ausschalten sollte, nur kurz observiert. Hatte ihn am Nachmittag verfolgt, zu einem Appartementhaus am Rande des Stadtzentrums, in das der Herr, ohne nach links oder rechts zu sehen, blitzartig verschwunden war. Möglicherweise wegen einer Affäre, eines Schäferstündchens, ja so hieß das auf Deutsch. Anderthalb Stunden später war der Regierungsrat eilig, eilig wieder aus dem Gebäude gehuscht und in sein Ministerium zurückgekehrt. Es hatte sich keinerlei Möglichkeit ergeben, ihm nahezukommen.

Schamil war überzeugt gewesen, dass der Rat jetzt

ein paar Stunden in seiner Regierungsarbeit aufging und er ein bisschen Zeit hatte, bevor er die Beschattung wieder aufnehmen würde. Also hatte er sich die Innenstadt von Basel angesehen. Wieder einmal hatte er gestaunt über die Sauberkeit und die Ordnung in Schweizer Städten. Die Kathedrale stand da, an einem wunderschönen Platz, sie ruhte in ihrer Selbstvergewisserung. Dann war Schamil auf eine große Baustelle zugelaufen, er hatte kurz zugesehen, wie die Rädchen der Arbeit perfekt ineinandergriffen und die Menschen zielsicher werkten. Daneben standen die Museen und die Banken, sie waren gute Nachbarn und hielten einander fest bei den Händen.

Schließlich war er auf eine großzügige Buchhandlung gestoßen, in deren Auslagen und Gestellen er begeistert gestöbert hatte. Auf dem Weg zurück zum Arbeitsplatz seines Opfers war er in einer engen Gasse mit einem schwankenden Greis zusammengestoßen, der offensichtlich angetrunken aus einer Tür herausgetorkelt war. Der verfluchte Alkohol! Spontan und unprofessionell war Schamil versucht gewesen, den Alten zu bestrafen und die spitze Speiche an ihm auszuprobieren. Der Großvater, der einen gewaltigen Zinken im Gesicht trug, hatte, wenn Schamil ihn richtig verstanden hatte, in einem fort gemurmelt: »Dschingis Khan, Dschingis Khan!«, und dabei irre gelacht. Dschamil hatte die Speiche in seinem Ärmel gelassen und geschmunzelt. Dschingis Khan, den fand er gut, auf den und die Mongolen stand er.

Tatsächlich war er dem Regierungsrat dann wieder auf den Fersen gewesen, als der vom Baudepartement Richtung Theater gestiefelt war, kein weiter Weg, mitten durch die Innenstadt. Es hatte schon ordentlich gedämmert, und das war für die Ausführung seines Plans selbstverständlich günstig gewesen. Schließlich war sein Opfer bei dieser Eisenskulptur gestanden und hatte unschlüssig herumgehampelt. Als der Regierungsrat ein paar Schritte Richtung Theater geschlurft war, hatte Schamil plötzlich einen furchtbaren Harndrang verspürt. Er, Schande über ihn und seinen Namen, war schnell in diese Eisenskulptur getreten und hatte sich im Schutze der Dämmerung und der Metallwände erleichtert. Er hatte gehört, wie der Politiker nur ein paar Meter weit weg laut rief und schimpfte und dann sogar in die Skulptur getreten war. Etwas Besseres hatte Schamil Sadulajew ja gar nicht passieren können. So war ihm sein Opfer quasi freiwillig in die angespitzte Fahrradspeiche gelaufen.

Aber nun war es höchste Zeit, dass er dem Boss abschließenden Vollzug melden konnte, bevor der misstrauisch wurde. Das zweite Opfer war fällig. Das Foto, das Schamil hatte, war laut Auftraggeber über zehn Jahre alt, aber die Frau, die es zeigte, war dermaßen unscheinbar und gewöhnlich, dass sie heute wohl immer noch genau so aussah. Er schaute immer wieder auf dieses Bild, da er sofort vergaß, wie das Opfer eigentlich aussah.

In Freiburg im Breisgau war Schamil in einen

für ihn bereitgestellten Honda Civic gestiegen und zuckelte jetzt Richtung Basel. Bei der Ausfahrt Weil am Rhein verließ er die Autobahn und fuhr auf einer großen Brücke über den Rhein und nach Frankreich hinüber. Nirgendwo ein Auto der Grenzpolizei. Das gab es wohl nur in der reichen Schweiz, eine Behörde, die aufpasste, dass keine billigen Waren in das reiche Land gebracht wurden und dieses beschämten. Schamil fuhr durch einen Ort namens Huningue. Ja, er war richtig, noch ein paar Dörfer, voneinander getrennt durch das elsässische Niemandsland, dann wäre er dort, wo er hinwollte.

Die Frau ahnte womöglich schon seit dem ersten Toten, dass sie sich ebenfalls im Fadenkreuz befand. Aber das war egal, Schamil war ein Profi. Er würde diesen Job erledigen, und dann hatte er vorerst ausgesorgt und konnte sich eine schöne Zeit machen. Er war immer vorsichtig, es konnte immer Schwierigkeiten geben, aber bei einer Frau sah er keine größeren Probleme. Er würde sein Opfer finden, er hatte Geduld. Schamil fuhr präzise 60 Stundenkilometer und musste sich außerorts von zumeist Schweizer Automobilisten überholen lassen, die ihm auf der Gegenspur empört den Vogel zeigten.

VIERZEHN

Sabine Meyer, geschiedene Hornfeld, hatte trotz aller angewandten Meditationstechniken keine Ruhe gefunden. Sie war aufgebracht, nervös, und ihr Gefühl war nicht gut. Aber sie hatte seit geraumer Zeit kein gutes Gefühl mehr gehabt. Wer konnte ihr das schon verdenken. Wenn Goofy brav in seiner Stadthöhle sitzen bleiben würde, wäre er vorderhand in Sicherheit. Aber ihr Sohn Darshan hatte sich nicht mehr gemeldet, er war überfällig. Das machte ihr am meisten Sorgen. Sonst hatte er regelmäßig etwas von sich hören lassen, wenn er ruhelos herumreiste. Sie hatte nur ein Foto und eine SMS von ihm erhalten, vor ein paar Tagen: »So sehe ich jetzt aus. Nicht erschrecken! Alles Liebe!«

Der Tod von Hubert hatte Sabine völlig überrascht. Sie war sich sicher, dass er Karli getötet oder zumindest einen Killer engagiert hatte. Der Regierungsrat hatte sich wohl aus der Swami-Sri-Baba-Geschichte zurückziehen wollen. Oft genug hatte er es ja angedroht. Sabine war immer noch Stiftungsrätin und durchaus informiert, auch durch Darshan. Es war keine gute Presse für einen Spitzenpolitiker, wenn er als juristischer Berater bei einer spirituellen Stiftung mit undurchsichtigen Finanzstrukturen fungierte.

Die Swami-Sri-Baba-Foundation hatte lange Jahre bestens floriert. Der Guru war zwischendurch in den USA gestorben, doch sie hatten weiterhin Geld bei seinen europäischen Anhängern gesammelt. Die Sinnsuchenden waren über die Jahre nur geringfügig weniger geworden. Zu behaupten, dass sie das Vermögen veruntreut hätten, wäre übertrieben gewesen. Es waren weiterhin Broschüren verschickt und Seminare abgehalten worden, zumeist im schönen Haus in Riehen. Die Anhänger waren mit einem gereinigten Bewusstsein und meist einigermaßen glücklich gegangen. Hubert war als Ersatzguru gar nicht so schlecht gewesen. Er hatte etwas Überzeugendes gehabt, nein, er war wirklich überzeugt von seiner Methode gewesen. Da war er unduldsam und hart gewesen. Aber das wollten die Sinnsuchenden ja.

Das Geld hatte sich weiter angesammelt, auf Schweizer Konten, stark und währungsecht. Die Stiftungsaufsicht des Kantons und ihre Kontrollen waren anfänglich lasch gewesen, Hubert und sie hatten sich Unsummen an Stipendien und Aufwandsentschädigungen zahlen können für allerhand Aktivitäten im Sinne des Swami Sri Baba. Auch Carl Felix Burckhardt hatte exorbitante Beraterhonorare kassiert, auch dann noch, als er schon politische Karriere gemacht hatte. Die monatliche Rente für Goofy war dagegen ein Klacks gewesen. So weit war alles geordnet vor sich gegangen, über Jahrzehnte hinweg. Aus dem Ruder hatte es zu laufen begonnen, als sie, Sabine, ihren Ehemann, Seelengefährten und Guru Hubert alias Swami Satya Hari mit einer jungen Swami-Sri-Baba-Anhängerin in Ausübung gewisser tantrischer Aktivitäten erwischt hatte. Es war nicht der erste Seitensprung von Hubert gewesen, aber gerade der brachte das Fass zum Überlaufen.

Sabine war sich angesichts des blöde lächelnden Mädchens auf dem steifen Schwanz ihres Ehemanns nur noch alt und überflüssig vorgekommen. Das schlug bei ihr in eine ungehemmte Aggressivität um, die der Hilfsguru Hornfeld als ganz und gar unspirituell abqualifizierte. Sie hatte einen Keramikbuddha in seine Richtung geworfen, ihn aber zum Glück nicht getroffen, sodass Hubert sie nicht wegen Körperverletzung anzeigen konnte.

Als sie die Scheidung und eine ordentliche Apanage aus dem Stiftungsvermögen wollte, hatte Karli Burckhardt die Hände verworfen, geflucht und gefleht, dass sie und Hubert sich wieder einkriegen sollten. Das sensible Finanzenkonstrukt der Stiftung ließe es nicht zu, dass sie einen Haufen Geld als Abfindung bekomme. Sie habe mit der Trennung von Hubert die Arschkarte gezogen, hatte Karli immer noch wild fuchtelnd erklärt, die Honigtöpfe der Foundation seien für sie fürderhin verschlossen. Das hatte Sabine sich schon gedacht, aber sie war ja im Besitze eines gewissen Insiderwissens, was sie Burckhardt und Hornfeld nur zu gern unter die Nasen gerieben hatte. Die Scheidung hatte auf jeden Fall sein müssen.

Darshan, der gerade im Internat seine Matura vergeigt hatte, war das alles ziemlich egal gewesen. Es war vertraglich vereinbart worden, dass Sabine zwei Häuser – eines in Basel und eines in der französischen Umgebung – zur Verfügung gestellt bekam und weiterhin einen namhaften Betrag, den die Swami-Sri-Baba-Foundation monatlich an sie bezahlen würde. Mit der plötzlichen Verschärfung der Stiftungsaufsicht beim Basler Finanzdepartement vor zwei Jahren war dann plötzlich Feuer im Dach gewesen. Die Ausgaben hatten genau deklariert, häufige Barzahlungen erklärt werden müssen. Hubert Hornfeld war gänzlich paranoid geworden und Karli Burckhardt hatte sich vornehm aus den Geschäften zurückziehen wollen.

Sabine schaute aus dem Küchenfenster auf die Straße, die knappe 20 Meter entfernt am Haus vorbeiführte. Verdammtes elsässisches Kaff. Alles, was hier noch seine sieben Semmeln beisammenhatte, fuhr frühmorgens nach Basel, arbeitete dort und kam erst abends wieder nach Hause, um die Kinder aus der Krippe abzuholen, heim zu Fernsehen und Heimwerken, zu Sex und Ehestreit. So war hier fast immer tote Hose. Übers Wochenende fuhren die vollständigen Familien dann ebenfalls in die Schweiz, hin zu Badeanstalten, Freizeitparks, Heilbädern, Zoos, das gab es hier alles nicht. Da waren zwar noch ein, zwei Schweizer, die im Ort ein Wochenendhäuschen hatten, aber die blieben auch weitgehend unsichtbar. Sabine hatte sich oft gefragt, was diese armen Schweizer Seelen hier suchten. La Cuisine? Die behäbigen Dorfbeizen, einst Horte des Wohlgeschmacks, waren längst zu Touristenfallen geworden. La Nature? Das Weite, Unverbaute? Irgendetwas anderes aus der Kiste mit Romantikartikeln? Hier herrschte doch nur graugrausige Langeweile.

Ein japanischer Kleinwagen fuhr langsam an Sabines Haus vorbei. Ungewöhnlich für diese Zeit. Für die Elsässer Rückkehrer und die paar Schweizer Fresstouristen war es noch viel zu früh.

Das Haus war eine hübsche kleine Villa, Countrystyle, günstig gekauft von einem nicht mehr ganz jungen Ehepaar, das sich doch übernommen hatte und die Hypotheken nicht mehr zahlen konnte. Das Gebäude lag etwas abseits am Ortsende, von der Straße her führte ein gepflasterter Weg direkt zur Haustür. Dahinter war ein kleiner Zwischenraum als Garderobe, durch eine weitere Tür kam man direkt in die Küche. Ein Raum, der fast das ganze Erdgeschoss einnahm, mit einem großen Tisch, der Boden aus kühlen Steinen. Herd und Spüle in einer Ecke. Der bevorzugte Aufenthaltsort von Sabine. Dahinter befanden sich links die Speisekammer, rechts der Hobbyraum und dazwischen ein kleiner Korridor, hoch in den ersten Stock und hin zur sorgfältig abgeriegelten Hintertür.

Kurz darauf fuhr der silbergraue Japaner schon wieder vorbei, in die andere Richtung, noch langsamer, fast im Schritttempo. Am Steuer saß ein Mann, das sah Sabine, die hinter der Gardine am Küchenfenster stand. Ihr schlechtes Gefühl verstärkte sich. Vielleicht hatte sich der Typ verirrt. Oder war das die Polizei? Es wunderte sie sowieso, dass sie nicht schon längst von der hiesigen Gendarmerie einkassiert und befragt worden war. Deren Basler Kollegen mussten doch wissen, dass sie und das Mordopfer Hubert Hornfeld einst verheiratet gewesen waren. Wahrscheinlich dauerte der zwischenstaatliche Amtsweg wieder einmal ein bisschen länger, und selbstverständlich wussten die ausführenden Behörden nichts von diesem Haus und Sabines ständigen Wohnortswechseln. Auch sie war ein bisschen paranoid geworden, aber sie dachte, dass sie allen Grund dazu hatte. Vielleicht war der Fahrer des silbergrauen Kleinwagens der Killer, der Carl Felix Burckhardt getötet hatte. Und auch Hubert, möglicherweise hatte es Streitereien über das Honorar für den Auftragsmord oder so etwas gegeben. Sabine wusste aus der Zeitung, dass beide auf dieselbe Art abgemurkst worden waren. Trauer hatte sie nicht empfunden, nur einen tiefen Schrecken, was sich da aufbaute vor ihr.

Sie wollte eigentlich zu Goofy nach Basel, erfahren, was man im Spital bei ihm herausgefunden hatte. Mit dem Handy war er nicht zu erreichen, wahrscheinlich hatte er seines wieder verlegt. Oder war er immer noch im Krankenhaus, weil die wirklich etwas Schlimmes bei ihm festgestellt hatten?

Sabine seufzte. Warum hatte Hubert die Altlast Ralph Schlatter nach Basel gerufen? Auch so etwas Unlogisches. Hatte er gewusst, dass Darshan Goofys Sohn war, und hatte sich deswegen an ihm rächen wollen? Nicht besonders logisch! Und wo steckte ihr Sohn überhaupt? War er etwa auch schon …? Nein, nein, das war noch viel unlogischer.

Sabine kochte sich Tee und wartete. Über den auf stumm gestellten Fernsehapparat flimmerte das übliche Programm, ein paar Familienserien. Irgendwann kamen die Dorfbewohner zurück aus der Schweiz. Ein bisschen Verkehrsrauschen, kühnes Motoraufheulen, schon war es wieder still.

Sabine versuchte, Darshan anzurufen. Sie würde ihm alles erklären müssen mit Swami Sri Baba und der Stiftung. Dass er nicht Huberts Sohn war, hatte sie ihm bald nach der Scheidung erzählt, als er in Basel leider erfolglos die Matura hatte nachholen wollen. Sehr schonend hatte sie mit Darshan geredet, aber ihr Sohn war nicht wirklich bestürzt oder unglücklich über diese Offenbarung gewesen. Sie hatte eine Art wilden Triumph in seinen Augen gesehen. Ein merkwürdiges Aufblitzen und Verstehen. Darshan war zwar weiterhin ab und zu in Riehen bei seinem vermeintlichen Vater gewesen, aber immer öfter erhitzt wieder bei ihr aufgetaucht und hatte über Hubert geschimpft und gelästert. Zuerst sei er nett und anständig, dann werde er immer widerlicher und beleidigender. Außerdem würde er wie ein Loch saufen. Schließlich hatte Darshan seinen leiblichen Vater kennenlernen wollen. Sabine hatte ihn vertröstet. Der lebe weit, weit weg. Eines Tages würden sie zu ihm fahren.

Jetzt war Goofy da, und Sabine wusste nicht, wie sie es Darshan sagen sollte. Goofy als Vater war sicher eine gewisse Herausforderung für ihren schwierigen Sohn. Die Reise nach Fernost, falls sie diese unternehmen würden, wäre möglicherweise eine Flucht. Mitsamt Goofy würden sie abhauen, alle drei. Sie wusste sonst nicht, wie sie aus der ganzen Swami-Bredouille herauskommen sollten.

Sabine setzte sich an den Tisch und aß ein paar Cracker sowie ein bisschen Käse. Sorgfältig schnitt sie einen Apfel auf, der von den verkrüppelten Bäumen hinter dem Haus stammte. Frühäpfel, hatte der ehemalige Besitzer begeistert gestöhnt. Der Apfel war ziemlich sauer, aber es gab Sabine ein tröstliches Gefühl, etwas aus dem eigenen Garten zu essen.

Wenn Hubert für den Tod von Karli Burckhardt verantwortlich war, wie sie angenommen hatte, dann wären kurz darauf Goofy und sie an der Reihe gewesen. Stattdessen war Hubert umgebracht worden. Genau gleich wie Karli. Unlogischer als unlogisch. Sie entspannte sich ein bisschen.

Bald war es dunkel. Zwei-, dreimal sah sie von der

Straße her die Lichter vorbeifahrender Autos. Sie huschte vors Haus, die Schockbeleuchtung funktionierte. Von unwirklichem Licht umstrahlt, stand Sabine einen Moment da und drehte sich langsam im Kreis. Sie überlegte dabei, dass das kein Leben war, diese fatalistische Warterei. Auch wenn sie beim Guru gelernt hatte, sich dem Unabänderlichen hinzugeben, ohne zu hadern. Sie musste jetzt etwas unternehmen. Schließlich ging sie ins Haus, löschte alle Lampen, und auch die Schockbeleuchtung erlosch wieder, nur noch der Fernseher strahlte seinen blauen Schein ab. Auf dem Bildschirm unterhielten sich stumm schöne junge Menschen in einer Bar in New York. Wahrscheinlich stritten sie sich dumm und dämlich über die ewig gleichen Fragen des Lebens. Sabine sah den übertrieben gestikulierenden Männchen und Weibchen auf dem Bildschirm eine Weile zu. Dann stellte sie die Kiste ab und setzte sich mit Blick auf die Haustür an den Tisch. Sie war ganz ruhig. Noch einmal wurde sie nervös, als ihr in den Sinn kam, dass Darshan vielleicht noch auftauchen könnte. Dass er ausgerechnet hereinplatzte, während jemand sie abstechen wollte.

Sie hatte ihre handliche Walther TPH bereitgelegt. Auch starke Frauen brauchten starken Schutz. Sie rückte so weit wie möglich von der Tür weg, ohne sie aus den Augen zu lassen. Wer immer jetzt hereinkam, der hatte ein Problem, der fing sich ein paar blaue Bohnen.

Es war sehr still. Sabine wiederholte stumm ihr

Mantra und blieb in sich ruhig. Es klackte einmal kurz, möglicherweise ein Schloss, vielleicht auch etwas anderes, schon war wieder Ruhe. Sabine nahm die Knarre in die Hand. Plötzlich klirrte irgendwo leise Glas. Die Schockbeleuchtung vorne blieb dunkel. Sie stand auf und ging ein paar Schritte Richtung Haustür. Neben dem Fenster blieb sie stehen und spähte hinaus. Die Pistole rutschte ihr fast aus den schweißnassen Fingern. War da jemand? Das war nicht Darshan. Und die Polizei auch nicht.

Es klackte erneut, ein kurzes scharfes Geräusch. Sabine hörte auf einmal ein Summen, eine kleine Melodie. Oder fing sie an durchzudrehen? Sie spürte einen Luftzug, das Summen war real. Da war jemand hinter ihr. Sie drehte sich um und schoss drei-, viermal auf einen Schatten. Aus dem Summen wurde ein Ächzen. Sabine sank auf die Knie, verbrannte sich am heißen Lauf der Waffe und schrie kurz auf. Dann war alles still, kein Summen, kein Ächzen mehr, nichts.

*

Fischer hatte Ralph Goofy Schlatter sofort eine E-Mail gesandt mit dem flammenden Aufruf zur Mongolenzusammenkunft und im Anhang ein Anmeldeformular. Goofy war wirklich so harmlos, das Formular gänzlich auszufüllen, samt seiner momentanen Adresse in Basel. Fischer hatte den Kopf geschüttelt und war ins Gotthelfquartier geradelt. Er stellte sein Fahrrad zehn Häuser weg von Goofys Adresse hin und schloss es sorgfältig ab. Was nun? Fischer hatte sich nicht überlegt, mit was er diesen Goofy überhaupt konfrontieren sollte. Deswegen fiel sein detektivisches Alter Ego nun ein bisschen in sich zusammen. Sam Spade ratlos? Sollte er sich als Vertreter der Basler Mongolen vorstellen oder wie Batu Khan gleich in die Hütte stürmen? Alles totaler Schmarren, wie Bulle Roth sagen würde.

Das Thema FC Basel erschien Fischer als guter Türöffner, aber er wollte ja Informationen über ganz andere Dinge aus einer längst vergangenen Zeit. Vielleicht erinnerte sich Ralph Schlatter ja noch an ihn. Wenn Fischer damals Katharina in der Wohngemeinschaft besucht hatte, war ihm Goofy immer wie ein wandelndes Fragezeichen vorgekommen. Er war nicht nur gebückt gegangen, er war quasi auf seinen Quadratlatschen vorwärtsgerobbt. Hatte er nicht damals schon angegraute Haare gehabt, die er zu einem erbärmlichen Rossschwänzchen gebunden hatte? Und hatte er nicht ständig die abgelutschten Klassiker wie »Stairway to Heaven« von Led Zeppelin und »Riders on the Storm« von den Doors gehört, obwohl es jede Menge tolle neue Rockmusik gab?

Goofy Schlatter. Das war der eine. Die unsichtbare Frau. Das war die andere. Mögliche Leichen im Keller. Motive für zwei brutale Morde. Das war so gut wie sicher. Fischer schauderte kurz und dachte, dass er wohl besser den Kommissär Gsöllpointner avisieren sollte, aber der Trampel würde bloß alles versauen. Jetzt musste er, Melchior Fischer, ran, der Discountdetektiv und Hilfsermittler, wie ihn seine Exfrau so schnöde genannt hatte. Katharina würde sich noch wundern. Nein, Moment, viel besser noch, sie konnte, sie musste ihm helfen. Sie kannte diesen Goofy und auch die Frau ja einigermaßen aus ihrer Zeit in der Wohngemeinschaft. Vielleicht konnte sie ihm diesbezügliche Tipps geben. Ja, er brauchte mehr Informationen. Fischer fühlte, dass übergroße Spontaneität und tollkühner Mut in diesem Falle ganz und gar nicht opportun waren.

Er kehrte zu seinem Drahtesel zurück, schloss auf und ließ sich Richtung Innenstadt treiben. In Basel ging es auf allen Seiten in die Höhe, die Stadt war insgesamt auf sieben Hügeln gebaut, aber schlussendlich sauste alles hinunter zum Fluss, in den guten alten Vater Rhein, der geduldig seit eh und je die Exkremente dieser Gesellschaft aufnahm und ins nahegelegene Ausland schaffte. Teilnahmslos floss der Strom dahin, sah Hass und Gier, Eifersucht und Neid, Mord und Totschlag. Oft nahm er Leichen mit,

Ertrunkene, Ermordete, Selbstmörder, die von einer der hohen Brücken sprangen, um dann im Französischen, einige Kilometer weg von Basel, im Flusskraftwerk von Kembs hängen zu bleiben. Das alles schien den guten Vater Rhein nicht besonders zu bedrücken. Gleichmäßig floss er dahin, mit ein bisschen zu viel Wasser wegen der Regenfälle in den letzten Wochen, aber dennoch geordnet und auch nicht angsteinflößend. Eher beruhigend!

Katharina war sehr ungnädig, als Fischer sie anrief, ließ sich dann aber doch zu einem exotischen Tee in das Café neben der Anwaltskanzlei einladen.

»Ich weiß schon, Fischer, du kannst es nicht lassen. Du wurstelst herum wegen dieser Toten. Ist dir eigentlich klar, dass dein Tun ziemlich gefährlich ist? Dass da ein oder zwei Mörder frei herumlaufen, die sich nichts Schöneres vorstellen können, als wenn ein Hobbydetektiv seine Nase in ihre Geschäfte steckt, weil sie an ihm dann ihre neuesten Tötungsarten ausprobieren können?«

»Ach komm, Katharina, ich helfe doch nur Bulle Roth ein bisschen aus. Der findet doch das Heu im Nadelhaufen nicht.«

»Du wirst lachen, Fischer. Ich habe mittlerweile eine offizielle Aussage diesbezüglich gemacht. Ich habe der Polizei gesagt, dass ich zwar seit über 20 Jahren keinen Kontakt mehr mit meinen ehemaligen Wohngenossen habe, ich habe aber auch erzählt, dass

Hubert Hornfeld ein ziemlich mieser Typ war, der seine Freundin Sabine ständig betrogen hat, und zwar vor allem mit seiner Gurumasche und diesem Swami-Zeug. Und ich habe auch die Vermutung geäußert, dass Sabine etwas mit Goofy gehabt haben könnte, weil Hörni so ein Sauhund war. Und Karli Burckhardt habe ich auch dementsprechend erwähnt. Der steckt da mit drin in diesem Konstrukt.«

»Mensch, genau, das ist es. Verdammt, Goofy weiß auf jeden Fall, wo diese Sabine ist. Er oder sie ist das nächste Opfer. Hast du das der Polizei gesagt?«

»Sie suchen bereits mit großer Hingabe. Goofy ist offensichtlich in Thailand verschwunden, und Sabine könnte im deutschen oder französischen Umland wohnen, aber du weißt ja, bis die Bürokratie der verschiedenen Länder zusammenarbeitet, vergeht Zeit.«

Fischer konnte seiner Exfrau nicht ins Gesicht sehen und hustete in seinen Espresso. Das war es also! Er war der Einzige, der wusste, dass Ralph Schlatter in Basel war, wer weiß, wie lange schon. Verdammt und verdeckelt, vielleicht war es ja genau umgekehrt. Klar hing Goofy in diesem Verbrechen drin, mitsamt seiner Sabine, nämlich als Täter. Voilà, da hatte er das saubere Mörderpaar.

»Fischer, hallo, hörst du mir zu? Du hast so ein ungutes Glänzen in den Augen. Du weißt irgendwas. Oder vielmehr, du meinst, etwas zu wissen. Auf jeden Fall hast du eine verdammte Dummheit vor. Fischer, du hast zwei Kinder, unsere Kinder. Die brauchen dich noch.«

»Ach komm, ich sehe sie doch praktisch gar nicht mehr«, brach es aus Fischer hervor.

»Vielleicht solltest du einfach ein bisschen mehr Zeit für sie haben, statt diese mit Detektivspielen und deiner neuen Freundin zu verschwenden.«

Fischer lächelte trotz des leichten Zorns, der ihn ergriff. Da sprach ja Eifersucht.

Doch Katharina sah nicht eifersüchtig aus. Sie tippte auf ihrem Smartphone herum, seufzte, und meinte, dass sie zurück ins Büro müsse. »Tut mir leid, Fischer, ich mach mir einfach Sorgen um dich – manchmal … nein … ach mach doch, was du willst, du sturer Hund!«

Als er bei der Bedienung bezahlen wollte, hatte Katharina das schon erledigt.

FÜNFZEHN

Kommissär Gsöllpointner war aufgebracht. Wenn man genau hinhörte, dann erlauschte man erlesene bajuwarische Schimpfwörter, die er zwischen den Zähnen zerbiss und verstümmelt hervorstieß, während er auf eine Verbindung wartete. »Du Schmarrnkönig, du Zipfelklatscher, du geprellter Siedler, du Kasperlkopf.«

Der Kommissär war gerade von seinem Vorgesetzten aufgefordert worden, mit einem französischen Kollegen, einem Inspecteur Schickele, Kontakt aufzunehmen, aber der wollte das dienstliche Telefon einfach nicht abnehmen. Als er den Elsässer schließlich doch noch erreichte, gab dieser sich alles andere als kooperativ und ließ sich die Würmer aus der Nase ziehen.

Es gebe da eine Leiche, in der Tat, ja. Tödlicher Kopfschuss. Eine weitere Kugel in der Schulter.

Gsöllpointner gab ein Geräusch von sich, von dem er hoffte, dass es Zustimmung und Interesse signalisierte. Der Inspecteur redete nach kurzer Pause weiter, in makellosem Deutsch. Tatwaffe sei wohl eine kleinkalibrige Pistole, möglicherweise eine Walther. Schussdistanz wahrscheinlich ein paar Meter, ein guter Schütze also. Fundort der Leiche sei nicht gleich Tatort. Der Tote sei neben einem der Fischteiche des Lörzbaches gefunden worden. Unter den Schwarzerlen, nicht besonders gut versteckt.

Der Kommissär kannte das Gebiet, es gehörte zur elsässischen Gemeinde Hagenthal. Dort konnte man einen netten Spaziergang entlang des Baches machen, der die Grenze zwischen der Schweiz und Frankreich bildete. Als seine Kinder noch klein waren, hatten sie bei Familienausflügen dort alle möglichen Wasservögel beobachtet. Das Beste war, dass ein Hotel mit anständiger Küche den Ausgangs- und Endpunkt der Promenade bildete. Aber was ging die Kripo in Basel ein Erschossener in Frankreich an?

Der Inspecteur war jetzt in Fahrt gekommen und lieferte Gsöllpointner weitere Details. Erschossen worden sei der Tote an einem anderen Ort, das hätten erste Untersuchungen eindeutig ergeben. Möglicherweise sogar in der Schweiz. Der Exitus sei vor gut 24 Stunden eingetreten. Der Tote habe vier verschiedene Reisepässe bei sich getragen. Er musste aus dem Osten stammen, die sicherlich falschen Papiere wiesen ihn jeweils als russischen, bulgarischen und ukrainischen, aber auch als deutschen Staatsbürger aus. Vielleicht eine Hinrichtung der Russenmafia, vielleicht aber auch ein anderes Motiv. Und nachdem es in der Stadt Basel nun schon zwei Mordfälle gegeben habe …

Ja, freilich, du damischer Sauerkrautfresser, dachte Gsöllpointner, lad mir den Mordfall auch noch auf. Immer her damit, vielleicht gab es noch ein paar unter merkwürdigen Umständen ums Leben Gekommene in der näheren und weiteren Umgebung. Alle Leichen hier herein, hey ho, let's go, hierher in sein Büro, in die Zentralstelle für rätselhafte Todesfälle in und um Basel.

Der Inspecteur berichtete weiter, dass die Leiche vermutlich mit einem Fahrzeug an den Lörzbach gebracht und dann dort deponiert worden sei. Gefunden habe den Toten ein Rentner und Hobbyornithologe aus der Umgebung. Statt Vögel eine Leiche, der Mann stünde immer noch unter Schock. Außerdem, schnaufte Schickele nun schon etwas schwer, wenn er schon mit der Kripo Basel kommuniziere, es gebe da auf seinem Schreibtisch ein Dossier über eine gewisse Sabine Müller, nein, Monika Meyer, die von den Baslern gesucht werde und möglicherweise im Elsass beziehungsweise in der Gegend wohne. Selbstverständlich würden sofort geeignete Maßnahmen diesbezüglich und zur gegenseitigen Rechtshilfe getroffen.

Jetzt juckte es Kommissär Gsöllpointner plötzlich an der Nase. Das Opfer war an blauen Bohnen gestorben. An einer Bleivergiftung, har, har. Aber es schadete wohl nichts, wenn er sich das mal ansah.

Schickele gestattete gnädig, dass sich die Basler Polizei über die Landesgrenze begab, um den Toten zu begutachten.

Gsöllpointner fingerte sein Handy unter den Papierbergen auf seinem Schreibtisch hervor und rief zu Hause an. Nein, er könne leider nicht wie vereinbart zum Mittagessen kommen, eine neue Leiche sei aufgetaucht und noch neuere Verwicklungen. Seine Ehefrau war nicht sehr amüsiert, und der Kommissär beendete das Gespräch so schnell wie möglich.

Längst war der Tat- oder besser Fundort der Leiche geräumt. Der Tote lag schon in der Kälte. Die Vertreter der Basler Kriminalpolizei standen ein wenig unglücklich herum und erhielten schließlich einen langwierigen, komplizierten und mit viel Subjonctif geschriebenen Untersuchungsbericht sowie einen USB-Stick, auf dem sich diverse Fotos des Toten und des Fundorts befanden.

Als Gsöllpointner wieder in seinem Büro saß, dachte er, dass er gescheiter zum Mittagessen nach Hause gegangen wäre. Da war also ein erschossener Ostler. Aber was weiter? Gab es einen Zusammenhang mit den beiden Erstochenen in Basel? Der Kommissär schnaufte wie ein Brauereiross. Er war richtig verklebt im Kopf. Die frische Luft am Lörzbach hatte ihm nicht gutgetan. Er hätte sich mit diesem geschleckten Schickele besser im sehr anständigen Hotelrestaurant getroffen, Kreuzkruzitürken.

Eine Stunde später war der Inspecteur wieder am Telefon. Er hüstelte und näselte. Es gehe um den erschossenen Toten. In der Gerichtsmedizin habe der untersuchende Arzt festgestellt, dass die Leiche auch einen tiefen Stich unter dem linken Schulterblatt habe, wie von einer Nadel. Was denn nun die wirkliche Todesursache gewesen sei, das würde gerade untersucht.

Gsöllpointner sank mit seinem Oberkörper sachte auf den Schreibtisch, barg das Gesicht in seinen Händen und weinte ein paar Sekunden. Dann rief er den leitenden Staatsanwalt an und verlangte fast hysterisch, dass die Leiche vom Lörzbach sofort nach Basel zur Untersuchung gebracht werden müsse.

*

Maria Casaramone hatte ausnahmsweise den Nachmittag freigenommen. Sie wollte Fischer überraschen. Sie hatte ihn in letzter Zeit sträflich vernachlässigt wegen all der Unruhe in der Partei und diesen Krisensitzungen. Aber nun stand die Nachfolge von Karli Burckhardt fest. Man hatte die Person gebrieft und auf Herz und Nieren geprüft. Man hatte ihre Biografie weit zurück bis in die Jugend verfolgt. Da gab es keine störenden Linksradikalismen, keine spirituellen Abwege oder sonstige Ausrutscher. Die Person war sozialdemokratisch durch und durch, kompatibel und kollegial, glaubwürdigstes Gewerkschaftsmitglied und stadtbekannt auch wegen Teilnahme an volkstümlichem Brauchtum wie der Fasnacht. Optimal also für die bürgerlichen Politikerinnen und Politiker und akzeptabel für die wirtschaftlichen Kreise der Stadt. Maria schämte sich immer ein bisschen, wenn sie so ausgleichend dachte. Aber so war Politik nun mal. Und wenn ihr Fischer immer wieder die Ohren vollheulte, dass Politik das dreckigste Geschäft überhaupt wäre, konnte sie nur lachen. Irgendjemand musste den Job doch machen. Und besser sie, die Sozialdemokraten, machten ihn, als jemand anders.

Als Maria in die Wohnung an der Mörsbergerstraße kam, war kein Fischer daheim. Sie hatte einen verrückten Moment lang gedacht, dass sie sich zu ihm auf den Futon legen würde, auf dem er mittlerweile die meiste Zeit zu Hause verbrachte. Aber eben, es war kein Fischer da. Sie hätte anrufen sollen. Unglücklich saß sie in der Küche. Fischer hatte ein paar der verhungert aussehenden Sonnenblumen aus dem Hinterhof in eine Vase gestellt. Der gelbe Blütenstaub rieselte auf das plastifizierte Tischtuch und brachte Maria zum Niesen. Und zum Weinen. Sie wischte die Tränen weg, stand auf und ging in die Stube. Dort hing über dem Sofa der gerahmte Druck eines berühmten Filmstills aus »Novecento« von Bernardo Bertolucci. Das monumentale Werk behandelte die Geschichte zweier ungleicher, aber am selben Tag geborener Protagonisten. Der Sohn eines reichen Gutsbesitzers und der eines armen Landarbeiters. Der erste wurde Bohemien, der zweite Sozialist, zwischen ihnen stand eine Frau und bald auch der aufkommende Faschismus. Maria wusste, dass Fischer den Film unerträglich pathetisch und unsäglich anspielungsreich fand. Aber Fischer fand fast alles zu pathetisch. Maria lächelte. Das Plakat von »Novecento« war schön, die Landarbeiterdemonstration mit den drei Figuren im Vordergrund, zwei Männer und eine Frau mit einem Kind im Arm. Fischer hatte es geschmackvoll rahmen lassen und ihr zum Geburtstag geschenkt. Dann hatte er gemeint, dass unter diesem Poster nur ein üppiges Sperrmüllsofa Platz habe. Sie hatten tatsächlich in einem Brockenhaus so einen alten Bollerwagen von Couch gefunden: Blümchenmuster und runde Armlehnen. Maria war nie ganz klar geworden, ob Fischer sie damit aufgezogen hatte. Richtig ernst meinte er ja nie etwas, so schien es jedenfalls.

Auf dem Stubentischchen vor dem Sofaungetüm lag ein Notizzettel mit Zahlen, wohl Telefonnummern. Vor den Zahlen standen Kürzel: »Gsö« und »Ka«. Spontan holte Maria ihr Handy und wählte die zweite Nummer.

»Hammerschmidt.« Eine Frauenstimme ertönte. »Im Anwaltsbüro Kramer, Teuscher und Sprecher.« Das war Fischers Ex Katharina, klar. Maria war ein bisschen peinlich berührt. Was nun?

»Ach, ich habe mich wohl verwählt. Hier spricht Maria Casaramone, tut mir leid.«

»Ach, kein Problem, Sie sind die neue Freundin von Fischer, wenn ich mich nicht irre.«

»Hi, hi, hi« wie die Karl-May-Figur Sam Hawkens machte Katharina Hammerschmidt zwar nicht, ihr Ton blieb freundlich distanziert.

Maria stotterte herum, aber Katharina hatte eine Botschaft für sie.

»Ich befürchte, dass Fischer, also Ihr Freund, im Begriff ist, eine gröbere Dummheit zu begehen. Sie kennen ihn ja, oder? Er ist ein abgedrehter Romantiker, der das Gefühl hat, dass die Welt sich nach seinem Gutdünken zu drehen hat.«

»Ich glaube, Sie übertreiben da ein bisschen, Frau Hammerschmidt.« Maria konnte sich das nicht verkneifen. Aber sie wusste, dass die Tussi recht hatte. Fischer war jederzeit in der Lage, absolute Scheiße zu bauen.

»Es tut mir leid, wenn ich Ihre Gefühle für meinen

Exmann verletzt habe. Es ist nur so, dass er sich wieder auf Verbrecherjagd gemacht hat und offensichtlich mehr weiß als die Polizei. Sie waren doch an seiner letzten detektivischen Aktion beteiligt, damals in Zürich. Ich befürchte, jetzt gerade droht Fischer hier in Basel ziemliches Ungemach. Er ist unterwegs wegen der Morde am Regierungsrat und an diesem Hornfeld. Die beiden waren geschäftlich verbandelt, falls Sie das nicht wissen.«

Das wusste Maria wirklich nicht. Und sie wollte es auch nicht glauben, aber das war jetzt nicht so wichtig. »Und Sie meinen, dass Fischer sich wieder einmischt in die polizeilichen Ermittlungen und sich dabei selbst in Gefahr bringt.«

Ein ungutes Lachen war die Antwort und Maria legte auf. Mehr brauchte sie nicht zu wissen. Sie wurde wütend. Fischer, dieser Vollpfosten! Warum hatte er ihr nichts erzählt von seinem Detektivspielen? Aber dann nahm doch die Sorge in ihr überhand. Also wählte sie die Nummer mit dem Präfix »Gsö«, denn dahinter verbarg sich sicher der Polizist und Fußballkumpan von Fischer, von dem er gerne erzählte. Es klingelte und klingelte, bis ihr endlich eine unwirsche Stimme erklärte, dass der Kommissär Gsöllpointner im Einsatz und nicht zu sprechen sei.

Unglücklicherweise war das Justizdepartement der Stadt Basel nicht in sozialdemokratischer Hand, aber Maria hatte trotzdem sehr gute Verbindungen dorthin. Kurz darauf ging ein dringender Alarmruf an alle exekutiven Basler Behörden, ob in Büros oder auf der Straße: Rettet Melchior Fischer, den Discountdetektiv, denn er ist reinen Herzens!

SECHZEHN

Fischer hatte keine Ahnung, dass Maria Sehnsucht nach ihm hatte und Himmel und Hölle in Bewegung setzte, seiner habhaft zu werden. Er war relativ ratlos, aber entspannt, nachdem er mit Katharina verhandelt hatte, und radelte in der Basler Innenstadt herum. Dabei kam er auch an der ästhetischen Buchhandlung vorbei, wo er bis vor Kurzem noch gearbeitet hatte. Er sah die Buchhändlerin, die mit ihrem Balg an der Brust in dem sonst scheinbar leeren Ladengeschäft saß. Plötzlich rannte eine männliche Person durch die Eingangstür hinaus mit einem voluminösen Kunstband in der Hand, nur notdürftig versteckt unter der Windjacke. Tempostark entfernte der Kerl sich Richtung Basler Münster. Er kam Fischer irgendwie bekannt vor. Es könnte der junge Mann sein, der damals den Vallotton-Kunstband bewundert hatte, als Fischer noch Buchhändler gewesen war und Bulle Roth in den Laden gekommen war, um ihn in all diese schrecklichen Verhängnisse hineinzuziehen, indem er nach dem unglücklichen Eduard Mendota gefragt hatte. Fischer sah, wie die Buchhändlerin ihr Kind ablegte, hilflos die Fäuste ballte und dem Dieb hinterherschimpfte. Er überlegte, ob er dem jugendlichen Delinquenten nachradeln und ihn stellen sollte. Aber dann dachte er, dass sich das Verbrechen manchmal auch rentieren musste.

Jetzt fehlte nur noch, dass der alte Faller ankroch, um bei der strengen Frau und ihrem Kinde kniefällig um einen kleinen Magenbitter zu bitten. Ach ja, die Mongolen. Die Konstituierung des Vereins war ja schon heute Abend. Fischer hatte noch keinen Satz geschrieben von den Statuten und den Absichtserklärungen. Vielleicht sollte er mal schnell beim Exprofessor vorbeischauen, ob es dem immer noch so heilig ernst war mit dieser Fundamentalopposition. Schließlich fuhr er zu dem stillen, dunklen, geräumigen Altstadthaus, in dem Faller wohnte. Auf sein Klingeln passierte länger nichts, und Fischer wollte schon wieder abdrehen, als doch noch der Türsummer erklang. Keuchend stieg er ins zweite Stockwerk. Durch eine Glaskuppel hoch oben über dem Treppenhaus fiel Licht, sodass er nicht allzu oft über die ausgetretenen Stufen stolperte. Die Faller'sche Wohnung lag hinter einer kunstvoll geschnitzten Tür. Fischer wäre nicht erstaunt gewesen, wenn ihn dort eine mongolische Jurte erwartet hätte, aber Faller Khan saß gleich hinter dem Entrée in einem geräumigen, wenn auch düsteren Wohnraum. Er lagerte in einem wertvoll aussehenden Sessel, und ein Gewitter brodelte knappe zehn

Zentimeter über seinem Charakterhaupt. Seine Nase war besonders lang und eine Flasche Averna lag leer und sinnlos zu seinen Füßen. »Fischer, verdammt, Sie sehen mich in meiner schwersten Stunde. Ecce homo. Ich bin nicht würdig, ein Mongole zu sein. Ich bin ein korruptes Schwein, um es einmal ungeschminkt und direkt zu sagen.«

»Beim großen Dschingis Khan, Herr Professor, was ist denn los?«

»Sie haben doch von diesen Mordfällen in unserer schönen Stadt gehört, oder? Nun, ich weiß, was die beiden Toten verbindet. Ich habe vor ein paar Jahren in einer schwachen Stunde ein im Familienbesitz befindliches Haus in Riehen an eine gewisse Swami-Rama-Lama-Foundation, eine indische Sekte oder so etwas Ähnliches, veräußert. Der Verkauf kam zu einem überrissenen Preis zustande, by the way, denn diese Stiftung wollte das Haus unbedingt. Ich habe den Preis hochgetrieben, aber diese Esoteriker haben mit einem kleinen schiefen Lächeln im Gesicht bar auf die Hand bezahlt.«

»Ist denn das ein Problem?«

»Selbstverständlich ist das ein Problem. Carl Felix Burckhardt selig war der für den Verkauf verantwortliche Notar, dieser Hubert Hornfeld der Käufer in Vertretung dieses Swama-Rama-Bin-Laden-Clubs. Fischer, diese beiden Verhandlungspartner von mir sind tot. Da geht noch jemand um, der ist bedeutend missgelaunter, rachsüchtiger und mörderischer als alle Mongolen zusammen.«

»Aber Sie brauchen doch keine Angst zu haben, Professor, das betrifft Sie doch nicht, der Doppelmord. Das ist doch möglicherweise nur …« Fischer brach ab, er wusste zu viel, aber das konnte er dem Professor nicht erzählen.

»Wenn es nur so wäre, wenn es nur so wäre. Ich bin mir nicht sicher, ob ich nicht auch schon mitten in dieser tödlichen Affäre stecke. Da sind Kräfte am Werk, die unsere Potenz bei Weitem überflügeln. Da schlägt ein genuiner Gegner zurück, gnadenlos. Ein übermächtiger Gegner, by the way, da steckt die Großindustrie dahinter. Und ich bin doch als Obermongole gänzlich diskreditiert, wenn das öffentlich wird, dass ich um des schnöden Mammons willen mit einer zweifelhaften Sekte Geschäfte getätigt habe, oder etwa nicht?«

Fischer ging die paar Meter zu einer altdeutschen Anrichte, über der sich verwitterte Ölbildnisse der Faller-Vorfahren reihten, öffnete ein knarrendes Türchen und holte eine volle Flasche Averna heraus. »Nehmen Sie erst mal ein Schlückchen, Professor, das tut gut und beruhigt. Ich werde mich um diese Sache kümmern, in dieser Causa wird nichts so heiß gegessen, wie es gekocht wird, glauben Sie mir.« Fischer witterte Morgenluft, es gab auf einmal die Möglichkeit, den Alten von der Verwirklichung der Mongolen-Idee abzubringen, und so auch ihn, Fischer, auf elegante Art aus dieser Umklammerung des Irrsinns zu befreien. Adieu Batu Khan, auch wenn es schwerfällt.

»Sie meinen wirklich, dass wir da einfach so rauskommen aus dieser Mongolen-Bredouille? Ich gäbe alles dafür, auch wenn wir unsere potenziellen Mitkämpfer schwer enttäuschen. Diesen wertvollen Zeitgenossen müssten wir die momentan ungünstigen Umstände unseres Kampfes noch irgendwie erklären. Aber aufgeschoben ist nicht aufgehoben. Allerdings bin ich Ihnen, liebster Fischer, zu ewigem Dank verpflichtet, wenn es klappt, dass die Mongolen vorderhand Ruhe geben und in ihrer Jurte warten, bis sich das Wetter bessert. Sollten dabei Kosten für Ihre Tätigkeit anfallen, dann bitte, ich zahle alles.«

Das war etwas, was Fischer gerne hörte.

*

Der junge Mann starrte aufmerksam in den Badezimmerspiegel und kraulte seinen Bart. Okay, jetzt war er lang genug, um ihn zu färben. Blond am besten, sonst sah er wirklich noch aus wie ein militanter Islamist.

In der Badezimmertür erschien ein älterer Herr, der ziemlich hohl hustete und ohne Zweifel Ralph Goofy Schlatter war.

»Was sagst du da, mein Lieber, du hast Hubert erstochen? Aber … aber das gibt es doch nicht. Ja warum denn, um Himmels willen? Gut, er war ein verdammter Sauhund, er hat deine Mutter behandelt wie ein Stück Dreck. Mich übrigens auch. Aber so einfach, ja, um Himmels willen!« Goofy stieß den Rest Luft, den er noch in den Lungen hatte, mit einem pfeifenden Geräusch aus.

Der junge Mann zupfte weiter an seinem Bart und schien zu überlegen. »Tut er dir leid, der Drecksack? Ich war mir sicher, dass er diesen Carl Arschbacke Burckhardt abgemurkst hat. Und bevor es Mama trifft, habe ich mir gedacht, lässt du das dumme Schwein lieber selbst spitzes Metall kosten. Ich wusste ja nicht, dass er einen Killer engagiert hatte, der nach seinem Tod weitermachen würde. Ich hätte es aber ahnen müssen, denn diese Ratte Hornfeld hatte viel zu wenig Eier im Sack, um selbst jemand umzubringen.«

Goofy Schlatter sackte in sich zusammen und hielt sich am Türsturz fest. Sein eigen Fleisch und Blut war ein gewissenloser Mörder. Nein, so konnte man es nicht nennen, er hatte ja nur die Familie schützen wollen. »Du hast oft bei Hubert gewohnt, äh, ich meine, du …«

»Ich dachte doch, der Typ wäre etwas Besonderes. Aber er war nur ein schleimiger, alter Sack, der Guru gespielt hat, und die Frauen wollten auch nicht mehr so auf ihn hereinfallen, je älter er wurde. Aber ich Idiot hab ihn immer noch bewundert. Dann hat er irgendwann Panik geschoben, und das nicht zu knapp. Ich hab gehört, wie er am Telefon herumgebrüllt hat. Wahrscheinlich war dieser Burckhardt dran. ›Du Verräter‹, hat Hornfeld geschrien, ›ich bring dich um!‹ Wir alle waren doch auf der Liste des Killers. Aber den hat Mama ja erledigt.«

Der junge Glatzkopf zerrte weiter an seinem Bart herum, während Goofy langsam wieder ruhig atmete.

»Weißt du, Paps, wie das nur schon war wegen meinem Namen, wie ich darunter gelitten habe? Wie mich die anderen immer ausgelacht haben wegen dieses Darshan-Scheißnamens. »Datschi« und »Datscha«, das war noch das Netteste. Ein paar haben das große D am Anfang einfach weggelassen. Dabei wollte ich nie, nie ein Opfer sein. Im Internat war es am schlimmsten. Hornfeld, die Sau, hat mich eigenhändig dort eingeliefert. Es sei ja alles nur zu meinem Besten. Am Arsch, mein Bestes. Bis ich dann wusste, dass nicht er mein richtiger Vater ist, sondern du.«

Goofys Herz ging auf, als ihn sein Sohn als Paps titulierte. Aber was für eine Wut musste sich in dem armen Kerl angesammelt haben. Darshan steckte tief im Dreck. Selbstverständlich würde Goofy ihn mit all seiner Kraft schützen. Aber da war nicht so viel Power vorhanden. Hornfeld war ein unberechenbarer Schweinehund gewesen, um den es nicht schade war. Karli Burckhardt hatte nichts mehr mit ihm und dem Swami zu tun haben wollen, das konnte sich Goofy gut vorstellen. Aber vielleicht schlich da noch ein zweiter Killer herum oder sonst was. Sabines Vorschlag, sofort die Zelte in Basel abzubrechen und nach Thailand zu flüchten, war der einzig richtige Weg.

Goofy Schlatter versuchte, möglichst aufrecht zu stehen und äußerst zuversichtlich auszusehen. »Hey, weißt du, dass ich auch mal so einen Vollbart gehabt habe wie du, ein verdammtes Monster von einem Vollbart habe ich herumgetragen, auch wenn es mich gejuckt hat wie nichts Gutes. Ich hab den gehabt bis weit in die 80er-Jahre, weißt du, als alles andere als so eine Gesichtsmatte modern war. Aber ich hab immer ein bisschen in der Vergangenheit gelebt. Wundert mich sowieso, weshalb ihr jungen Leute eure Gesichtshaare wieder sprießen lasst. Was sagen denn die Frauen dazu?«

Der junge Mann verdrehte die Augen, aber dann lächelte er. Es war immerhin sein Vater, der da sprach. Sein richtiger Vater. Es war gut, dass das Monster tot war. Und der Killer, den das Monster gesandt hatte, der war auch tot. Er, Darshan, war gerade rechtzeitig zu seiner Mutter gekommen, wie die neben dem Toten in der Küche gesessen hatte. Sie hatten den Leichnam in die angebaute Garage geschleppt und ins Auto gehievt. Als seine Mutter noch mal ins Haus gegangen war, hatte Darshan dem toten Sauhund die spitze Speiche, die er immer bei sich getragen hatte, in den Rücken gerammt. Jetzt würden er und sein Vater zusammen zum Flughafen fahren und dort seine Mutter treffen. Dann würden sie einfach verschwinden, puff, wie in einer Zauberwolke, up, up and away.

»Also, du willst dir den Bart wirklich blond färben. Aber wie sieht denn dein Bild im Reisepass aus? Nicht, dass wir auf dem Flughafen Probleme deswegen bekommen. Kannst du mir bitte den Sand noch versorgen, ich hab's im Kreuz. Aber nicht wegschütten, wegstellen, in die Besenkammer von mir aus. Ehrfurcht bitte, das ist das letzte Zeugnis von meiner Anwesenheit in dieser Stadt, dieser Sand. Dort, wo wir hinfliegen, gibt es dann ganz viel davon, frisch und köstlich.«

Der junge Mann schüttelte den kahl rasierten Kopf und tat, was ihm sein Vater aufgetragen hatte.

Goofy hantierte mit einer Sammlung von Tees, Dragees, Pillen und Pastillen, Salben und Pulver und einer Seife aus Pflanzenasche und Tierfett. Das meiste schob er über den Tisch in einen Abfallsack. Er rief seinem Sohn hinterher: »Weißt du, am meisten stinkt es mir, dass ich kein Spiel vom FC Basel anschauen konnte. Ich hätte mich gerne an Ort und Stelle über die Fähigkeiten des Teams informiert. Irgendwie schaffe ich es nicht, ein Vertrauensverhältnis zu diesem neuen Trainer aufzubauen. So, jetzt färb dir deinen Bart, damit wir endlich wegkommen.«

SIEBZEHN

Fischer zwang es wieder ins Gotthelfquartier. Er konnte nicht anders. Ein kleiner Regenguss schüttete sich erfrischend über der Stadt aus. Fischer stellte sich unter einen großen Baum am Bundesplatz und überlegte sich die Sache noch einmal. Er würde sich bei Ralph Schlatter, so er sich denn im Haus befand, als Vertreter der Modernen Mongolen ausgeben und dann mal schauen, was passierte. Ganz unverdächtig auftreten und vielleicht den FC Basel ansprechen. Falls Goofy wirklich der Killer war, erschien das leichtsinnig – aber wer nicht wagt, der nicht gewinnt. Fischer fühlte sich plötzlich gut. Als ob er nach einer allzu langen Liegezeit frisch aufgestanden wäre. Als ob er sich gerade von seinem Futon emanzipiert hätte und auf zum letzten Gefecht ging.

Der junge Mann, der Fischer öffnete, hätte seinem rasierten Glatzkopf und vor allem seinem Vollbart nach dem Islamischen Staat angehören können. Aber wahrscheinlich war er nur einer der coolen Hipster von heutzutage. Halt, Moment mal, hier wohnte doch nur der naive Goofy. Hier hatte kein Hipster oder wer immer auch zu sein. Aber Fischer war bei diesem Gedanken schon halb am jungen Mann vorbei, der den Arm einladend ins Innere des Hauses ausgestreckt hatte, als Fischer höflich nach Herrn Ralph Schlatter gefragt hatte.

In diesem Moment des aufbrausenden Misstrauens explodierten in Fischers Kopf tausend Sonnen und mehr. Er biss sich beim Fallen auf die Zunge. Dieser vermeintliche IS-Söldner ist der Killer, jetzt ist mir alles klar – das war der letzte Gedanke, den das arme malträtierte Gehirn von Fischer noch zuließ.

Er erwachte mit beträchtlichem Kopfweh aus einem tiefen, dunklen See. Er tauchte auf. Noch schlimmer war der trockene Mund. Am allerschlimmsten war, dass er sich nicht bewegen konnte und aufrecht sitzen musste. Völlig erschöpft wie er war, konnte er sich nicht hinlegen zu einem erfrischenden Schläfchen. Zum Glück sackte er gleich wieder weg.

Später erwachte er erneut, weil er etwas Kühles im Nacken fühlte.

»Hey, Sie, hallo, sind Sie wach? Tut mir echt leid, ich meine, was suchen Sie hier?«

Fischer konnte die Augen kaum öffnen. Vor ihm stand ein rotnasiger Zwerg. Oder ein argentinischer Studienrat mit hektischen Flecken im Gesicht. Nein, ein blondbärtiges Einhorn. Dahinter eine Wohnzimmereinrichtung im Großbasler Barock. Das war zu viel, das wollte er nicht sehen und schloss die Augen wieder.

Als ihm ein feuchtes Tuch ins Gesicht klatschte, öffnete Fischer die Augen noch einmal.

Der ältere Typ, der da nervös hin und her hüpfte, das musste Ralph Goofy Schlatter sein. Trotz der eigenen misslichen Lage dachte Fischer, dass der Mann grauenvoll aussah und es Goofy wohl bedeutend schlechter ging als ihm selbst. Der sah aus wie eine Leiche auf Urlaub. Möglicherweise war Goofy mittlerweile schon erstochen worden und als Zombie zurückgekommen.

»Aeiuchchrzz«, sagte Fischer und versuchte, seine Gliedmaßen zu bewegen. Er saß, nein hing auf einem Stuhl und war immer noch angebunden.

Ralph Schlatter schien einigermaßen beruhigt, dass das Opfer ein Lebenszeichen von sich gab.

»Herrgott, was suchen Sie denn hier, Sie Unglücksrabe? Ich kenne Sie ja gar nicht. Was ist denn mit Ihnen los? Ich muss jetzt auf den Flughafen. Von dort werde ich die Polizei anrufen, damit Sie hier nicht verschimmeln. Vorher kann ich Sie leider nicht freilassen. Hier, ein Mineralwasser mit einem Strohhalm, trinken Sie doch einen Schluck, damit Sie nicht verdursten. Sie können von Glück sagen, dass Darshan sich noch rechtzeitig eingekriegt und Ihnen in Panik nicht noch eins übergezogen hat. Heilige Scheiße, was für ein Ding, mein Gott, jetzt bin ich auf der Flucht, mit meinem Sohn und meiner Frau. Nehmen Sie mir das bitte nicht übel, ich hoffe nur, Darshan hat nicht zu heftig zugeschlagen? Brauchen Sie einen Arzt?«

Fischer bewegte den Kopf vorsichtig von rechts nach links, es tat sehr weh. So war es immer bei ihm in seiner detektivischen Karriere. Er löste eine ultimative Katastrophe aus, die aber jeweils die Lösung sämtlicher Rätsel des Verbrechens barg. Dafür bekam er als Lohn eins auf den Hinterkopf.

Er sackte wieder weg. Kurz erwachte er, als man ihn herumhob oder herumschleppte, er wusste es nicht so genau. Er vermeinte, den Bart dieses gemeingefährlichen Darshan zu spüren. Dann merkte er, dass er lag, flach, auf der Seite mit der wunden Hüfte. Auch in seiner fast noch vollständigen Ohnmacht überflutete Fischer ein Wohlgefühl. Er würde nicht aufrecht in den Stiefeln sterben. Er schmiegte sich an die Unterlage, die nicht weich, aber auch nicht hart war. Das tat gut.

So störte ihn die Polizei unter Führung seines Fußballkumpels Franz Gsöllpointner sogar, als sie ihn hochzogen und ihm die Fesseln abnahmen, nachdem sie mit allerhand Gewalt ins Häuschen eingedrungen waren. Nach dem erquickenden Liegen war Fischer einigermaßen erfrischt und sprudelte sofort los, dass Goofy und diese Frau und vor allem ihr Sohn namens Dada-Dings, dass sie die Verantwortlichen für die Morde an Hubsi und Karli waren und dass sie abhauen wollten und dass die Polizei und vor allem er, Bulle Roth, nicht so untätig herumsitzen sollten, sondern sich aufmachen zum Flughafen und sowieso …

Fischer redete wirr, wiederholte sich ein paarmal, bis Gsöllpointner ihm ein Glas Wasser hinstreckte und ihm zu schweigen befahl.

Fischer trank gierig und wiederholte drei Mal die eher humorvolle Klage, warum er eigentlich immer Wasser zu trinken bekäme und nicht einen anständigen Schnaps.

Der Kommissär legte ihm die Hand beruhigend auf die Schulter und erzählte, dass die drei – Mutter, Vater und Kind – bereits beim Fluchtversuch verhaftet worden seien. Diesmal habe die Zusammenarbeit der französischen und der Basler Polizei prächtig geklappt. Man habe die verdächtige Sabine Meyer oder Müller schnell ausfindig gemacht und überwacht. Noch auf dem Parkplatz des Flughafens habe der Arm des Gesetzes zugeschlagen.

Sein Wachtmeister, der tapfere und tollkühne Britzig, hatte allerdings bei diesem Einsatz im Übereifer die Waffe gezogen und nicht nur ebenso harmlose wie reiselustige Zeitgenossen erschreckt, sondern sich dabei auch in den eigenen Fuß geschossen. Doch das erzählte Gsöllpointner lieber nicht. Immerhin hatte das Peitschen des unglückseligen Schusses den ziemlich aufgebrachten Darshan davon abgehalten, sich weiterhin zu wehren und die französischen Kollegen zu verletzen.

Fischer verstand das alles nicht so genau, er rappelte sich aus seinem Sessel hoch und stand leicht schwankend vor dem Kommissär. »Du meinst also, Bulle, dass der Speichenmörder gefasst ist, dieser Darshan. Im Auftrag seiner Mutter hat er unseren guten Regierungsrat gemeuchelt und seinen Vater in ödipaler Absicht dazu.«

»Pscht, Fischer, du weißt nicht alles. Es gibt noch einen weiteren Toten, womöglich war das ein Auftragskiller. Die ganzen Zusammenhänge wird die polizeiliche Untersuchung baldmöglichst an den Tag bringen, das darfst du glauben. Ich bin nämlich ziemlich sicher, dass die drei Verhafteten gerne gestehen werden, was sie über die Morde wissen. Das sind keine kaltblütigen Verbrecher, das kann ich dir sagen. Aber dir gebe ich den Rat, deine Detektivkarriere endgültig zu beenden. Das hier war ziemlich gefährlich für deinen Leib und dein Leben, wenn du mich fragst, Kreuzkruzitürken.«

ACHTZEHN

Zwei, drei Wochen später hatte sich der Herbst insofern besonnen, der Stadt Basel noch einmal ein Quantum Trost an Wärme und Sonne zu spendieren. So auch an diesem Mittwoch, als sich auf einem Rasenplatz der Sportanlagen St. Jakob mehrere ältere Herren in der Fülle ihrer Leiber trafen und gegen das runde Leder kickten. Spät war auch noch Franz Gsöllpointner alias Bulle Roth dazugekommen, strahlend vor Energie. Und neu dabei war ein kleinerer, wieselflinker Herr ganz in schwarzer Sportkleidung, der auf den Außenbahnen dahinsauste, dann, unter Anwendung diverser Dribbeltechniken, gegen innen zog und den Ball erfolgreich aus 16 Metern ins Tor schlenzte.

Nach dem erfreulichen Fußballspiel saßen Melchior Fischer, Eduard Mendota und Bulle Roth noch ein bisschen am Spielfeldrand und dampften aus.

»Was für ein Spiel!«, begeisterte sich Fischer. »Du bist ein Talent, Mendota. Hast du früher mal aktiv gespielt, also richtig in einem Team?«

»Tempi passati. Das ist schon eine Zeit her, lange

bevor ich mich der Mutter Kultur an den ewig spendablen Busen geworfen habe. Ich gestehe, dass ich ein begabtes Kerlchen war, was das runde Leder betrifft. Aber dann begann der junge Mensch zu rauchen und zu trinken, und die holde Damenwelt war damals ja nicht zu bezirzen gewesen mit Fußball. Da musstest du mindestens den Rockmusiker raushängen lassen.«

Fischer nickte verständnisvoll und zog ächzend die Fußballschuhe aus.

»Nix für ungut, Edi, gell, ich war ein blöder Ochs, dass ich mich so verrannt hab in dich als Mörder, sozusagen.« Bulle Roth lachte peinlich berührt. »Aber eine saubere Leistung auf dem Spielfeld, alle Achtung!«

»Ja, es hat mir großen Spaß gemacht, aber leider werde ich in den nächsten Wochen nicht zum Fußball kommen können, weil ich mit der Freundin meiner Seele nach Halle an der Saale reisen werde, um das ganze Ungemach, das uns hier in Basel brutalstmöglich getroffen hat, zu vergessen.«

Fischer stöhnte unhörbar auf und verkniff sich die Frage, warum diese Verarbeitung unbedingt in Halle an der Saale stattfinden musste. Er wandte sich stattdessen an den Kommissär: »Franz, ich erwarte übrigens eine kleine finanzielle Anerkennung für die Lösung des Falles und ein Schmerzensgeld für meine Unbill mit Goofy Schlatter und seinem Sohn, diesem Unhold.«

Bulle Roth lachte dröhnend, der ganze kommende Winter schwang in seiner Stimme mit. »Fischer, du träumst. Wir haben dir doch den Arsch gerettet in der Affäre ›Blutrhein‹, erinnerst du dich?«

»Blutrhein?«

»Na ja, der Oberste Staatsanwalt ist offensichtlich ein verkappter Literat, der ist auf diesen Namen für die Strafsache Mord an Carl Felix Burckhardt gekommen. Klingt doch nicht schlecht, oder? Stand der Erkenntnis bei uns ist übrigens, dass Hubert Hornfeld alle umbringen lassen wollte, die von den mehr oder weniger unsauberen Geschäften der Swami-Sri-Baba-Stiftung wussten. Er war wohl nicht mehr ganz sauber im Hirnkastl und hat diesen tschetschenischen Killer engagiert. Um die Untersuchungsbehörden, also mich, Sakrament, vollständig zu verwirren, hat aber der miserablige Hundsbub Darshan dem schon toten Killer noch einen Stich verpasst wie ihn die beiden anderen Toten auch aufwiesen. Ist alles ein bisschen kompliziert, aber jetzt ist der Fall gelöst, alle sind glücklich, keiner braucht Angst zu haben vor einem Serienmörder, die saubere Stadt Basel hat wieder ein historisches Ereignis mehr und außerdem eine neue sozialdemokratische Regierungsrätin. Ich hab meine Ruhe und kann wieder regelmäßig zum Mittwochsfußball kommen.«

Laut und deutlich klingelte in diesem Moment das Diensthandy in der Sporttasche von Bulle Roth.

Fischer seinerseits radelte frisch geduscht durch das stille Gellertquartier, das farbige Laub, das noch an vielen Bäumen hing, winkte ihm zu. Er winkte zurück und fuhr durch die malerische St.-Alban-Vorstadt. Schon war er am Rhein. Auch den alten Fluss grüßte Fischer sehr freundlich und überquerte ihn frohen Mutes, denn zu Hause wartete sein Futon auf ihn, auch wenn er heute kein einziges Tor geschossen hatte.

ENDE

Weitere Krimis finden Sie auf den folgenden Seiten und im Internet:

WWW.GMEINER-SPANNUNG.DE